¡AYÚDENME!

ESTOY CRIANDO
A MIS HIJOS
SOLA

T. D. JAKES

CASA
CREACIÓN

La mayoría de los productos de Casa Creación están disponibles a un precio con descuento en cantidades de mayoreo para promociones de ventas, ofertas especiales, levantar fondos y atender necesidades educativas. Para más información, escriba a Casa Creación, 600 Rinehart Road, Lake Mary, Florida, 32746; o llame al teléfono (407) 333-7117 en Estados Unidos.

¡Ayúdenme! Estoy criando a mis hijos sola por T. D. Jakes
Publicado por Casa Creación
Una compañía de Charisma Media
600 Rinehart Road
Lake Mary, Florida 32746
www.casacreacion.com

Diseño de la portada: Justin Evans
Director de arte: Bill Johnson

Originally published in the U.S.A. under the title: *Help! I'm Raising My Children Alone*
Published by Charisma House, a Charisma Media Company, Lake Mary, FL 32746 USA
Copyright © 1996, 2001, 2006, 2011 by T. D. Jakes

Visite la página web del autor: www.tdjakes.org

Library of Congress Control Number: 2013943147
ISBN: 978-1-62136-202-9
E-ISBN: 978-1-62136-431-3

Impreso en los Estados Unidos de América
13 14 15 16 17 * 5 4 3 2 1

DEDICACIÓN

Dedico este libro a todas las personas valientes que han escogido criar a sus hijos en vez de abortarlos. Usted ya es una vencedora (o vencedor) a pesar de su difícil situación. Cada vez que supere un nuevo desafío, sentirá el «más que vencedores» del que nos habla Pablo. Usted ha escogido enfrentar la buena batalla. Lo admiro mucho y lo respeto por lo que está haciendo.

También dedico este libro a mi madre, quien valientemente crió a sus hijos en medio de los muchos problemas familiares; largos horarios de trabajo, enfermedades prolongadas, divorcio y, finalmente, la muerte de mi padre. Él estuvo ausente durante la mayor parte de mis años de desarrollo. Trabajó mucho, se enfermó, y finalmente descansó de todas sus penas. En realidad, aquellos fueron tiempos difíciles para todos. Pero por la gracia de Dios, soportamos las dificultades, y este acopio de sabiduría tiene mucho que ver con la Palabra de Dios y sus consejos, susurrados en nuestros oídos a cada paso de la jornada.

Usted no necesariamente tiene que haber crecido en una familia con un padre soltero, pero puede haber sido educado sólo por uno de sus padres. La valentía de mis padres para criar a sus hijos durante los difíciles años sesenta ha sido el catalizador del cual fui engendrado. Los héroes son de todos los colores, géneros y circunstancias.

Finalmente, también dedico este libro a mi esposa Serita, cuyo amor fiel y devoción incomparable fueron la llama que me dio ánimo en las frías noches llenas de tensión. Esto ha significado más de lo que puedo expresar con palabras.

Este es mi regalo para cada uno de ustedes.

Contenido

PRÓLOGO

Yo era una joven que recién terminaba el colegio. Ser la menor de siete hermanas, en una familia de quince, fue suficiente para aprender mucho acerca de los niños. Fuimos criados en un área rural de Marion, Alabama. El Señor me bendijo para poder completar mi educación, y conocí a mi esposo cuando me encontraba enseñando en una escuela de Hattiesburg, Misisipí. Mi esposo, uno de tres hijos, recibió educación superior por dos años, pero no pudo terminar sus estudios debido a una enfermedad temporal.

Cuando mi esposo y yo empezamos nuestra familia, él trabajaba en empleos secundarios, con largas horas de trabajo y ganando poco dinero. Trabajó para una compañía constructora que viajaba a diferentes lugares, edificando grandes edificios comerciales. Tuve mi primer hijo y comenzamos con los problemas que son comunes en esas circunstancias. Nos mudamos de una ciudad a otra y finalmente nos instalamos en Charleston, West Virginia, donde crié a mis tres hijos. Mi esposo tuvo dificultades para encontrar un empleo conveniente y tuvimos que esforzarnos para resolver el problema. Trabajaba tanto que los niños y yo lo veíamos muy poco. Esos fueron tiempos muy difíciles. Él trabajaba en varios empleos tratando de ganar lo suficiente para poder mantenernos.

Por mi parte siempre había querido tener hijos, por lo que asumí la responsabilidad de criarlos sola. Tenía que analizar con exactitud cómo iba a trabajar con cada uno de ellos. Estudié sus potencialidades, conociendo las fortalezas y debilidades de cada uno. Esto se logra observando y orando para ser un buen padre. Con la ayuda de Dios nosotros lo hicimos. Quiero animar a los padres solteros que, por alguna razón, se encuentran solos en la tarea de criar a sus hijos.

Evalué las fortalezas y debilidades de mi esposo y las mías. Yo sabía que los niños serían una mezcla de ambos. Ellos tienen tendencia a poseer nuestros rasgos positivos y negativos. El padre soltero debe estar preparado para comprender que su hijo es un compuesto de dos personas, no de una sola. El niño es una mezcla del padre y de la madre, con características de cada uno de ellos, especialmente cuando es criado en un ambiente donde ambos padres están presentes. Yo siempre decía que la asociación trae asimilación. Entonces, tuve que fortalecer las áreas más débiles de mi esposo, así como superar las debilidades y defectos míos que pudieran adquirir mis hijos.

Un padre no puede hacer el papel de los dos padres por más esfuerzo que haga. Es imposible ser ambos, pero usted puede complementarlo como lo hace una vitamina en una dieta deficiente. El amor incondicional fortalece la relación con su hijo, y ayuda al niño a superar los defectos.

La formación del carácter de mis hijos comenzó desde la concepción. Siempre pensé que lo que hacía mientras los llevaba dentro de mí también los afectaba a ellos. Llámelo superstición o historias de viejas, pero creo que una madre alborotada, que pelea y discute durante su embarazo, tiene más probabilidades de tener niños a los que les guste discutir. Mientras que si usted lee y estudia, el niño será estudioso.

Por lo tanto, me dediqué a estudiar la Biblia durante el embarazo de mi primer hijo. Nunca me imaginé que estaba engendrando un predicador, pero estaba convencida de lo que quería. Creo que, de alguna manera, esto influyó en las habilidades y el interés en las Escrituras que tiene Thomas. Esto estaba dentro de él desde la matriz de su madre.

Desde la infancia hasta que se vuelven adultos, los hijos deben tener alguna consistencia. Sé lo difícil que es tener muchos hijos y responsabilidades. Sin embargo, usted sólo tiene una oportunidad para hacerlo. No existen repeticiones, excepto con sus nietos, a quienes usted besa, aconseja y los regresa a sus padres. Esto también es muy agradable.

Mientras criaba a mis hijos encontré varias reglas útiles. Aprendí que escuchar es mejor que hablar. Usted debe ser capaz de escuchar el punto de vista y entender a sus hijos. Me acostumbré a no desahogar nunca mis frustraciones sobre ellos; les decía que salieran adelante, que fueran todo lo que podían ser. Recuerdo decirles: «Si vas a ser un barrendero de calles, sé el mejor de la calle. Si vas a ser un profesor, sé el mejor del colegio». Creo haber sido una motivadora para ellos. Traté de serlo. Siempre les decía que ellos podían lograr lo que querían si se esforzaban lo suficiente. Cuando escuché predicar a mi hijo, sentí la confianza y energía que salían de él. Debo admitir que estoy orgullosa de mis hijos.

Es mi oración que al leer este libro escrito por mi hijo, encuentre la sabiduría y el ánimo para su hijo y para usted. Sus hijos, a la larga, la (lo) imitarán. Usted sabe que el vestido no es mejor que el molde que se usó para confeccionarlo. Si usted tiene el vicio del trabajo, ellos también tratarán de tenerlo. Por lo que sería bueno que tome un tiempo para leer este libro y se prepare para la gran aventura de su vida. Es como subir a un juego electrónico en la feria: hay alturas y valles. Pero recuerde, usted sólo sube una vez, así que tenga cuidado; mañana todo habrá terminado. Este es el consejo de una mujer que sabe que «lo que usted deposite hoy será lo único que pueda retirar mañana».

—Odith P. Jakes
Fenecida madre de T. D. Jakes

CAPÍTULO 1

SUEÑOS DESTROZADOS

Venga y mire detrás de la cortina de una vida con problemas y vea los secretos escondidos en un hogar llamado «la familia americana». Este es un viaje, una expedición dentro de la historia interior de una relación. No me atrevería a embarcarme en este barco excepto por el hecho de que se ha escrito muy poco sobre este tema, frecuentemente compartido pero muy pocas veces discutido. Estoy hablando de la familia destruida.

Es un tema muy difícil de discutir, porque es una trilogía llena de dolor y malentendidos. Esta trilogía tiene diferentes perspectivas. Una es la perspectiva del esposo o padre. La perspectiva de la esposa o madre también debe ser considerada. Generalmente, ninguno tiene completamente la razón ni tampoco están equivocados, y siempre hay desacuerdos en los puntos de vista ante un mismo evento. La última perspectiva es la más devastadora de todas: la de los hijos, cuyas mentes jóvenes son constantemente golpeadas por las explosiones emocionales de la guerra en el hogar. No hay rehénes ni negociaciones. La guerra está terminada, la casa está en ruinas, y la vida nunca será la misma. Esta es una trilogía de dolor.

Recuerdo confusamente, a través del borroso panorama de un niño, un evento que resultó ser una profecía en el destino

1

de nuestra familia. Yo tenía como cuatro o cinco años y vivía con otros dos hermanos y mis padres en una casa de dos dormitorios. Mis padres eran pobres, pero no de los que dan compasión. No percibíamos nuestra pobreza porque vivíamos como la mayoría de nuestros vecinos. Por lo tanto, no éramos conscientes de que otros estadounidenses comían huevos de verdad en vez de huevos en polvo. Nunca me di cuenta que usaba sencillas camisas hechas en casa, mientras que otros niños de vecindarios más acaudalados usaban ropa de marcas conocidas para ir a la escuela. Nunca se me cruzó por la mente que los espaguetis debían llevar albóndigas. En resumen, nosotros estábamos juntos y, por consiguiente, éramos felices.

Bajo esta cobertura de seudo normalidad, veía la desnuda crudeza de una vida que podía ser tanto provechosa como angustiante. Yo observaba a través de los ojos de un niño. Era el pequeño final de un triángulo, un niño que comenzaba un horrible reto que al final tendría el éxito.

Recuerdo que los brazos robustos de mi padre eran como jamones, y su voz sonaba como un trueno. Para mí, él caminaba como *Thor*, el dios griego; era el Hércules que salía en la televisión después de las noticias de las once. Trabajaba todo el día para traer la comida y los muebles rotos, los cuales eran lo suficientemente confortables desde mi entonces elemental punto de referencia.

Una noche, cuando él entró tambaleando a nuestra pequeña cocina, cansado y medio dormido por las largas horas de trabajo, pasó algo que casi presagiaba lo que más tarde enfrentaríamos como familia. Él abrió el antiguo refrigerador que tenía un motor que no paraba de sonar. Era de los refrigerador que tiene una manija grande, cromada y brillante, que se agarra y se lleva para abajo, abriendo así la pesada puerta que parece la bóveda de un banco.

Estaba buscando el recipiente con leche que nos dejaban semanalmente en la puerta de entrada. Tenía forma de jarra (pichel), era de vidrio y tenía una tapa de aluminio que brillaba y mostraba el logotipo de la compañía que lo producía. Era muy pesado y en esta ocasión estaba cubierta de hielo. Este refrigerador, que lo compramos usado, siempre parecía que necesitaba ser descongelado.

Mi padre agarró la jarra con sus manos cansadas de tanto trabajo para servirse un poco de leche, antes de irse otra vez a trabajar. Él pensó que estaba sosteniendo fuertemente la jarra, pero no fue así. Esta se resbaló de sus manos y se cayó al piso. Gritó, y le salió sangre del pie como de un pozo artesiano. La jarra se destrozó en mil pedazos que volaron por el aire, como si fueran fuegos artificiales, antes de caer al piso. Se perdió la leche, el hombre estaba sangrando y los fragmentos de vidrio estaban por todos lados.

No nos imaginábamos que más tarde nuestro hogar se resbalaría de su agarradera, como le pasó a esta jarra de leche, y que nosotros, tres niños, veríamos cómo nuestra familia y el matrimonio de nuestros padres explotaría, dejando fragmentos esparcidos que nunca podrían ser juntados nuevamente.

Recuerdo que estuvimos recogiendo pedazos de vidrio por un buen tiempo. Meses más tarde, estos aparecían detrás de la pata de una mesa o de un gabinete. Asimismo, más adelante pasaríamos varios años recogiendo fragmentos de nuestra familia destrozada, y cuando ya creíamos que habíamos recogido todo, aparecía una nueva pieza.

Comprenda, entonces, que le hablo tanto por experiencia

propia como desde el punto de vista teológico. Siéntese y permítame servirle la rica sopa de múltiples experiencias, sazonada con más de veinte años de ministerio. Como consejero experimentado, he visto miles de lágrimas que emanan de corazones destrozados de personas, quienes necesitan desesperadamente hablar con alguien que se interese en ellos.

¿Cómo podemos evaluar el impacto de un sueño destrozado? ¿Quién puede calcular el valor o tasar el daño que ocurre cuando algo que anhelamos explota ante nosotros? Esto es como la pérdida de una inversión o la disolución de una corporación. Pero es peor aun; el divorcio causa el desangramiento de nuestra identidad más íntima para derramar nuestra personalidad, quedando esparcida en el piso.

El matrimonio ideal

El romance es el brillo en los ojos de las niñas que escuchan los cuentos de hadas. Es la admiración que se siente en los corazones de estas pequeñas princesas, la emoción que fluye de sus pensamientos de que al caer un pañuelo de una torre en peligro, aparezca un príncipe con su brillante armadura. Sí, él vendrá y nadará a través del foso de la vida y la salvará del peligro.

Tal vez estos mitos maravillosos que todavía engañan ayudan a aumentar la presión en los hombres, quienes son menos que príncipes. Tal vez estos cuentos aumentan la desilusión en la mujer que crece creyendo que su prometido es el príncipe, y que ella es la princesa que había soñado cuando niña. Sí, son esperanzas ilusorias que llevan a muchas decepciones.

Mi generación creció en una época en que Lucy tenía a Ricky, que Papá lo sabía todo y aún Samanta tenía a Darren.

Nosotros crecimos cuando todavía había moral entre los seculares. Sé que esto me hace aparecer como un viejo, pero realmente no lo soy. No hace mucho tiempo atrás, aun las personas que no creían en Dios desaprobaban los concubinatos y las relaciones del mismo sexo. Estas influencias y percepciones tradicionales ayudaron a formar nuestros sueños. Me estremece pensar los sueños que nacerán de las terribles influencias de nuestra sociedad de hoy. Sin embargo, la realidad es que muchos de nosotros pensábamos que tendríamos una gran ayuda especial del proverbial «pastel americano», y así íbamos a vivir el sueño que pensábamos sería nuestro.

Por ningún motivo estoy criticando el modelo del matrimonio perfecto. En ese tiempo el modelo era casi perfecto. Lo que arruinaba el vestido era algún defecto en el material. Sí, el concepto del matrimonio es perfecto. Cuando escogemos un material dañado es que corremos el riesgo de tener resultados decepcionantes.

¡Qué tristes los ojos de aquellas mujeres cuyos corazones han sido destrozados por la desilusión de relaciones fracasadas! Menciono a las mujeres porque la mayoría de las niñas crece jugando con cocinas de plástico y sirviendo la comida imaginaria a esposos invisibles. Crecen jugando a la casa y vistiendo a Barbie para la ceremonia de su bicentésimo matrimonio con Ken.

Los hombres, generalmente, no juegan a la casa, por lo que, recuerden que cuando se casen con nosotros, puede ser que no sepamos cómo jugar muy bien a la casa—particularmente si hemos tenido los modelos equivocados en nuestros hogares, ya sea por padres que nos abandonaron o por madres promiscuas que traían a la casa muchos hombres, que

5

nosotros respetuosamente los llamábamos «tíos». ¡Algunos niños, ingenuamente, pensaban que sus familias eran así de numerosas!

Seamos sinceros: el matrimonio es un trabajo duro.

Cuando uno de estos jóvenes se convierte en adulto y decide que va a ser todo lo que su padre no fue, muchas veces se le hace difícil definir en su estilo de vida lo que no vio en su niñez. Añada a esta escena una mujer cuya percepción de niña incluye la espera de Ken, montado en un caballo blanco y que heroicamente la salva de su horrible pasado. Esto se convierte en una olla hirviendo de problemas, para dos personas que no están preparadas para la realidad de una relación cotidiana.

Muchos otros asesinos acechan el matrimonio. Desde la pornografía hasta la economía, la lista es interminable. La comunicación entre la pareja se limita a una serie de trivialidades aburridas hasta que se convierten en casi extraños, distanciándose uno del otro.

Algunos pueden hasta hacer ataques ofensivos del carácter, comportamiento o aun de las cualidades físicas, a la persona que ellos una vez prometieron amar y mantener. Entonces la vida se mueve histéricamente, como si hubiera sido planificada para música rápida. Esto es espantoso, una secuencia de estruendos, como si fuera una música compuesta para una novela de misterio, como «Durmiendo con el enemigo». Algunos de ustedes deben conocer el conflicto que surge cuando descubren demasiado tarde ¡que han estado durmiendo con el enemigo!

NO ES LO QUE SE ESPERABA

La desilusión y hasta la rabia surgen cuando las parejas se encuentran en una situación sin solución, y se dan cuenta de que la persona con la que se casaron no es la que ellos esperaban. Tristemente, muchas veces viene la desesperación porque el tiempo irrecuperable ha pasado, después que los, ahora distantes amantes, estaban tan seguros de que habían encontrado la pareja que amarían para siempre. Reconozcámoslo: el matrimonio es un trabajo difícil. No es fácil encontrar a alguien que encaje donde usted está y que vaya adonde usted va. El arte de crecer juntos es menos frecuente que el defecto de crecer por separado.

El matrimonio pretende ser un pacto, un juramento ante Dios, sellado con las páginas de un compromiso puro. Es una promesa entre dos de estar unidos «hasta que la muerte los separe». Es la unión de dos agendas hacia un solo destino. Ustedes saben, así como yo, que rara vez las personas que fracasan pueden compartir sus más profundos temores y lágrimas.

El matrimonio es tan intenso que Dios nos da el derecho de tener relaciones y procrear. De esta unión sagrada se nos permite tener hijos y estos nos son confiados. El santo matrimonio es una imagen clara de que el amor de Cristo por la iglesia es una realidad reluciente.

> «Cuando alguno tomare mujer, y después de haberse llegado a ella la aborreciere, y le atribuyere faltas que den que hablar, y dijere: A esta mujer tomé, y me llegué a ella, y no la hallé virgen; entonces el padre de la joven y su madre tomarán y sacarán las señales de la virginidad de la doncella a los ancianos de la ciudad, en la puerta;

y dirá el padre de la joven a los ancianos: Yo di mi hija a este hombre por mujer, y él la aborrece; y he aquí, él le atribuye faltas que dan que hablar, diciendo: No he hallado virgen a tu hija; pero ved aquí las señales de la virginidad de mi hija. Y extenderán la vestidura delante de los ancianos de la ciudad. Entonces los ancianos de la ciudad tomarán al hombre y lo castigarán».

—Deuteronomio 22:13–18

La sangre era una defensa que afirmaba de que el matrimonio era legítimo. El mismo era sellado por la ruptura del himen. La sábana ensangrentada era prueba positiva de que ellos habían consumado el matrimonio y la garantía era la sangre misma. ¡Qué vínculo! Con esto les enseñaríamos a nuestras jovencitas que no entreguen su sangre a nadie que no haya hecho un pacto con ellas. Sólo tienen una oportunidad.

El arte de crecer juntos es menos frecuente
que el defecto de crecer por separado.

Esto puede sonar anticuado para muchos. Aun los cristianos, a menudo, luchan contra su moralidad y sus normas. Es más fácil tener un fuerte sentido de responsabilidad moral en áreas que son constantemente percibidas por otras personas. El reto es mantener el carácter cuando uno está solo. Por lo que es importante educar a los hijos en la forma como deben comportarse. En los años de formación, cuando la rama está creciendo, es más fácil de guiarla.

Aun aquellos cristianos que no aprendieron estas normas en los primeros años, y que sufrieron trauma y dolor, pueden ayudar a los demás. Si ellos no pueden entrar al cuadrilátero para luchar, pueden permanecer en las esquinas y enseñar a los que pueden hacerlo. Sus experiencias ayudarán a los jóvenes a evitar los peligros. Ellos serán de ayuda especialmente cuando sus palabras estén llenas de sabiduría y de aplicaciones prácticas de los principios religiosos. No se asuste de admitir sus errores. ¡A los jóvenes les gusta la verdad!

> *Por lo que es importante educar a los hijos en la forma como deben comportarse. En los años de formación, cuando la rama está creciendo, es más fácil de guiarla.*

Las personas deben saber que el matrimonio no es para conseguir beneficios en los impuestos ni para aventurarse en un negocio. No es para satisfacer una necesidad sexual ni para conseguir una posición. El matrimonio es un pacto de sangre entre dos almas que hacen un compromiso para estar juntos. Usted no tiene que ser perfecto, pero si se compromete a serlo, seguro que eso ayudará.

En las Escrituras, la joven derramó su sangre en la noche de bodas. El joven derramó su sangre en la circuncisión. Él dio su sangre al Señor. Su esposa le dio su sangre a él, y ambos fueron revestidos.

Obviamente, Dios no creó el matrimonio para que sea un pacto revocable. Este no fue diseñado para entrar y salir cuando se desee. Cada vez que actúe en contra del plan de Dios, habrá dolor. El divorcio destroza emociones y daña la confianza. El divorcio nunca se planeó, y la Biblia dice que en el principio no era permitido.

«Entonces vinieron a él los fariseos, tentándole y diciéndole: ¿Es lícito al hombre repudiar a su mujer por cualquier causa?

»Él, respondiendo, les dijo: ¿No habéis leído que el que los hizo al principio, varón y hembra los hizo, y dijo: Por esto el hombre dejará padre y madre, y se unirá a su mujer, y los dos serán una sola carne? Así que no son ya más dos, sino una sola carne; por tanto, lo que Dios juntó, no lo separe el hombre.

»Le dijeron: ¿Por qué, pues, mandó Moisés dar carta de divorcio, y repudiarla? Él les dijo: Por la dureza de vuestro corazón Moisés os permitió repudiar a vuestras mujeres; mas al principio no fue así».

—Mateo 19:3–8

La unión de dos partes que ocurre en el matrimonio fue creada para llegar a ser una unidad, en la cual la sexualidad sólo debe ser una expresión de un sentimiento interior. Pero, ¿qué clase de expresión es esa? De las palabras cariñosas, de los momentos tiernos de corazones estremecidos y del compartir las necesidades más íntimas, nace una unión que es tan intensa que la Biblia dice que dos se convierten en una sola carne. No dice que dos personas gozan del placer del pecado por un momento, sino que son una sola carne.

En el Antiguo Testamento se menciona en varias ocasiones la frase «el hombre conoció a su esposa». Esta afirmación es una referencia al sexo marital. Muchas parejas no se dan cuenta que hay un nivel de intimidad que debe ser restringido sólo para los esposos. Es para nuestras parejas y sólo para ellas que confiamos el privilegio de ser «conocidos». ¿Por qué hay que ser tan cuidadosos? ¿Es sólo el acto físico del sexo que Dios está protegiendo? Esto es solamente una parte. El motivo total es más profundo que eso.

Hay que comprender que cuando permitimos ser «conocidos» en el sentido íntimo de la palabra, nunca podremos borrar este conocimiento. No se puede ignorar lo que sabemos. Puede ser que la relación termine, pero no podemos borrar la memoria. La antigua pareja siempre conservará la información privada sobre usted. Esta es imborrable.

Puede ser que nunca se hable de ello, pero hay un brillo en los ojos. Hay una chispa en la sonrisa. Hay una invasión de los secretos para toda la vida, lo cual llega justo al corazón de lo que somos. ¿Qué más podemos dar a alguien que nosotros mismos? La tragedia del divorcio es que usted ha confiado sus secretos a alguien que los ha inspeccionado, y luego se ha ido. Esto es peor que la muerte, porque cuando un esposo muere, por lo menos sus secretos mueren también y todo está salvado. Es una gran violación el haberse desnudado y haberse entregado sin temores a una persona que ahora está con alguien más.

Por favor, escúcheme: no quiero parecer un juez. He expresado el propósito de Dios para resaltar cómo el divorcio es tan devastador para las personas que no acostumbran a desnudarse fácilmente. No me refiero a la desnudez de la carne sino a la de los corazones. No estoy hablando de la descarga de energía biológica sino al estremecimiento de la vulnerabilidad interna. El dolor viene cuando alguien ha tomado todo lo que usted tiene, luego sonríe satisfecho y dice que, en virtud de las acciones, «usted no es suficiente».

Hay una diferencia entre ser cortado por un cirujano y ser apuñalado por un asaltante. El primero le hará una incisión precisa que puede coserse y cicatrizar fácilmente. El otro desgarrará salvajemente lo que no se puede separar.

SALVE LOS RETOÑOS

El divorcio es el desgarramiento de un sueño. No es sólo una incisión sino una cuchillada. Es la astilla del presente, la violación del pasado y la profanación del futuro. Es la destrucción de un sueño. La cicatrización puede durar meses o años, dependiendo de su perspectiva en la trilogía. Cuando algo se destroza, los vidrios caen dondequiera.

Las estadísticas revelan que hay 10 000 000 de madres solteras o divorciadas y 1 735 000 de padres solteros o divorciados en este país.* Pero mi tarea no es meramente ministrar sobre el divorcio. Actualmente se estima que hay 18 100 000 de niños menores de 18 años viviendo en un hogar solo con la madre, y cerca de 3 000 000 de niños menores de 18 años viviendo solo con el padre.** Los corazones de estos niños, muchas veces son destrozados en el desgarramiento de sus padres, quienes, a menudo, sólo se preocupan de su propia guerra contra el otro.

No, los sueños no siempre se hacen realidad. Pero no significa que, porque sus sueños no se realizaron, los de sus hijos no puedan hacerlo.

Trágicamente, muchos niños se han convertido en las armas que utilizan las personas con los corazones heridos, quienes no tienen nada que quedarse de lo que desea la otra

---

* Reporte del Departamento de Censos de Estados Unidos, 2011.
** Reporte no publicado del Departamento de Censos de Estados Unidos, 2009.

persona, excepto una visita al niño. Esta visita muchas veces es negada porque las parejas quieren causar dolor a su, ahora extraños, amantes, tal como ellos mismos lo sintieron. El herido dispara al herido utilizando al niño como arma. Lo que estos padres no se dan cuenta es que, dondequiera que se dispare el arma, la munición precisamente no destruye el objetivo. En este proceso, la munición se destruye a sí misma. ¡Por favor! ¡Por favor, salven a los niños!

Mientras que usted está en el proceso de recoger todos los vidrios que cayeron al piso; mientras que se encuentra en la lenta pero inevitable recuperación de su corazón ensangrentado, tenga cuidado de no involucrar a los niños y maltratarlos con frustraciones.

Muchas veces, durante mi ministerio con los maltratados, he llorado con hombres y mujeres adultos cuyos corazones todavía están sangrando, impactados y destrozados porque ellos escucharon demasiadas conversaciones—conversaciones en las cuales Mami decía todo lo malo acerca de Papi, o viceversa. Estos monólogos de amarga sustancia, derramando traición y deslealtad al esposo, crea confusión en los niños y los vuelve desconfiados. Después de todo, si no se puede confiar en un padre, ¿en quién más? No les enseñe la desconfianza. Sí, ellos pueden tener éxito; pueden llegar a casarse, pero siempre estarán solos, porque perderán su capacidad de dar confianza o confiar en alguien.

Todos debemos aprender el arte de tomar riesgos. No hay garantías. No, los sueños no siempre se hacen realidad. Pero no significa que, porque sus sueños no se realizaron, los de sus hijos no puedan hacerlo. Una de las grandes cosas que amo acerca de la fe es el hecho de que nuestro Dios resucita la muerte. Él es un Dios de segundas oportunidades y nuevos comienzos. Es *su* Palabra la que nos da la gracia para creer que todas las cosas son posibles.

> «Porque si el árbol fuere cortado, aún queda de él esperanza; retoñará aún, y sus renuevos no faltarán.
>
> »Si se envejeciere en la tierra su raíz, y su tronco fuere muerto en el polvo, al percibir el agua reverdecerá, y hará copa como planta nueva».
>
> —Job 14:7–9

Job dice que aún hay esperanza para el nuevo retoño que va a nacer de una raíz muerta. Por favor, no destruya el retoño, aun cuando haya perdido la raíz.

Los niños deben ser los retoños por los que debemos luchar para protegerlos. Tal vez el árbol esté perdido, pero nosotros podemos salvar los retoños. Si estos perecen con el árbol, entonces todos esos años habrán sido en vano. Pero si lo que viene de esa unión es un niño saludable y bien adaptado, usted habrá ganado mucho. Es por este fin que nosotros oramos y creemos.

No estoy escribiendo para discutir sobre las legalidades del divorcio. Tampoco escribo para argumentar a favor o en contra del mismo. La tragedia para muchos de nosotros es que ya es demasiado tarde. La raíz ya está muerta. El árbol ha sido derribado al piso.

Mi propósito al escribir este libro es salvar el retoño. Su destino está en la semilla. Si usted pierde a sus hijos, dañará su futuro. Dios se los ha confiado. Ustedes son ricos y bendecidos por tenerlos. Yo los desafío a fortalecer lo que queda. Tal vez no puedan salvar la relación. Yo espero y oro para que puedan hacerlo. Pero si esto no es posible, por lo menos salve a sus hijos. Ellos no quieren convertirse en las víctimas de una guerra.

No, los sueños no siempre se hacen realidad. Me gustaría que así fuera, pero no lo es. Mas si el sueño no se hace realidad, por favor, salve la profecía. Sin profecía el pueblo se desenfrena (lea Proverbios 29:18). Los hijos son una profecía; ellos hablan de nuestro futuro.

Su destino está en la semilla. Si usted pierde a sus hijos, dañará su futuro.

Tal vez el sueño se haya agrietado y por ahí se haya escapado el amor. Puede ser que todo lo que usted compartió con alguien haya sido violado y ahora esté luchando con un dolor interior. En medio de su pena debe darse cuenta de que tiene un hijo que necesita de usted; un hijo que le ha sido confiado para su cuidado. Proveerle casa y comida es bueno, pero no olvide el amor, la estabilidad, la paz y la armonía. Esto es la leche de la vida. Sus hijos se alimentarán del pecho de su amabilidad y sobrevivirán la pena del pasado.

Quiero compartir con usted algunos principios que la o lo ayudarán en su búsqueda. Es posible lograr un buen retoño de un árbol muerto.

Preguntas de discusión

1. T. D. Jakes compara cómo su vida fue destrozada cuando sus padres se divorciaron con el momento en que su padre dejó caer un litro de leche haciéndose pedazos.

   Piense en alguna experiencia de divorcio o muerte que haya ocurrido en su familia. ¿Qué evento le viene a su memoria que ilustre las emociones negativas que ha tenido desde el divorcio o muerte de su cónyuge? Describa el evento y mencione por qué ilustra su pérdida.

   _____

   _____

   _____

   _____

   _____

2. T. D. Jakes asegura que "muchos asesinos destruyen el matrimonio". ¿Cuáles han sido los asesinos que han traído muerte a su relación matrimonial?

   _____

   _____

   _____

3. Job 14:7–9 es una alegoría sobre la esperanza. Nos dice que tenemos que ser como el árbol que ha sido cortado al tronco y cuyas ramas comienzan a retoñar una vez más. Reconociendo que sus hijos son como esas ramas tiernas en el árbol,

describa cómo desea que ellos crezcan y encuentren una nueva vida luego del rompimiento que ha ocurrido en su familia.

_____

_____

_____

_____

_____

_____

_____

_____

_____

_____

_____

_____

_____

_____

_____

_____

_____

_____

_____

ACTIVIDADES PARA ORDENAR SU DESTINO
—Construya un árbol de destino—

Materiales: Una rama de árbol sin hojas, mezcla de yeso o de cemento rápido, papel de construcción verde, tijeras, pega, marcadores, una lata vacía de café o tiesto de barro, papel de periódico y materiales de limpieza.

Nota: A menos que sus niños sean más grandes, usted puede preparar de antemano el yeso o cemento y colocarlo dentro de la lata o tiesto con la rama del árbol para evitar cualquier riesgo de accidente a sus pequeños.

Ayude a sus hijos a escoger una rama de árbol por cada miembro de la familia. Usando el yeso o cemento, "siembre" todas sus ramas en la lata de café. Ayude a cada uno de sus niños a cortar hojas de papel para pegarlas en las ramas de sus árboles. Haga que escriban en cada una de ellas una característica o destreza que les gustaría tener en su vida, a medida que van creciendo. (Sugerencias: jugar baloncesto, ser bondadoso, enseñar en la escuela, ser un buen trabajador, escribir libros, cumplir sus promesas, etc.) Si tiene niños más pequeños, pregúnteles y escriba por ellos sus respuestas.

Encamine sus ideas y pensamientos, dándoles tiempo para dialogar sobre cada cosa que el niño mencione. Pregúnteles por qué ellos escogieron esas características o destrezas. Pegue esas hojas con otras hojas verdes adicionales en sus árboles. Luego tome tiempo para que sus hijos oren a Dios y le pidan que les ayude a lograr sus sueños y a ser las personas que Dios quiere que sean.

Termine la actividad diciendo algo personal y afirmando a cada uno de sus hijos.

Guarde sus árboles de destino para usarlos en la actividad familiar del capítulo 9.

Oración

Padre que estás en los cielos, gracias por crearnos a cada uno de nosotros y colocarnos juntos en esta familia. Gracias por tu promesa de "no dejarnos ni desampararnos". Realmente necesitamos saber que tú estás con nosotros y que nos ayudas cada día. Ayúdanos a sentir tu presencia y a escuchar tu voz a diario.

Padre, a veces, nos sentimos como si nuestros sueños han sido hechos pedazos. Ayúdanos a mirar más allá de esos destrozos y ver el maravilloso destino que tú tienes para cada uno de nosotros.

Queremos estar complacidos con nuestras vidas, Señor. Ayúdanos a ser más como tú cada día. Ayúdanos a amarnos más unos a otros, a ayudarnos los unos a otros y a ser bondadosos unos con otros. Enséñanos a encontrar los pequeños caminos por donde tú quieres guiarnos hasta alcanzar el destino que tienes para nosotros.

Gracias por mostrarnos que nosotros somos ramas tiernas que pueden retoñar, florecer y hacer que nazcan ramas "como planta nueva" (Job 14:9). Gracias que enviaste a Jesús "a consolar a todos los enlutados, a ordenar que a los afligidos de Sión se les dé gloria en lugar de ceniza, óleo de gozo en lugar de luto, manto de alegría en lugar del espíritu angustiado", para que podamos ser "llamados árboles de justicia, plantío de Jehová, para gloria suya" (Is. 61:2-3).

Pertenecemos a ti, somos tu familia. En el nombre de Jesús, amén.

CAPÍTULO 2

USE EL PASADO PARA «FERTILIZAR» EL FUTURO

LOS PRINCIPIOS QUE compartiré con usted son simples pero sólidos, y representan la habilidad de sacar fuerzas del dolor. Siempre es bueno traer nuevamente un sentido de control a una vida que ha dado un giro radical y que por un tiempo parecía sin esperanza, fuera de control.

Conforme usted enseñe estos principios a sus hijos, los mismos se reforzarán en usted. Sus hijos son la tercera parte de la trilogía. Ayúdelos a adquirir sabiduría de la tragedia. Ayudándolos desaparecerá el vacío de su mente. Usted encontrará sus propias respuestas. ¡Se sorprenderá de ver cuántos maestros aprenden mientras enseñan!

1. Enséñeles el arte de aceptar los cambios inesperados

La mayoría de las personas no aceptan bien los cambios. He aprendido que la vida es un ciclo continuo. Es indispensable que no perdamos demasiado tiempo lamentándonos del pasado. Si lo hacemos, es a costa del futuro.

Cuando la vida cambia inesperadamente, hay un grado de conmoción. Después que el primer susto ha pasado, no permita que su vida se estanque en una etapa que es sólo parte del proceso. Deje que esta etapa también pase.

Una de las frases introductorias en muchos pasajes del Antiguo Testamento es la afirmación «y sucedía que...». Literalmente significa «así fue». Pero cuando escucho esta frase oigo algo un poco diferente. La veo como una palabra de estímulo para los que piensan que lo que les está pasando va a durar para siempre. Oh no, mi amigo, mi amiga; no crea eso. Las experiencias devastadoras de su vida no vienen para quedarse, sino para irse.

2. Enséñeles que las fallas del pasado no impiden futuros éxitos

Es verdad que somos aprovisionados con combustible del pasado. Pero ese combustible sólo trabaja cuando es transformado en otro estado. La gasolina solamente funciona en un automóvil cuando es gasificada y quemada. Si no permitimos que el pasado haga combustión para algo productivo, será ineficaz, tal como la gasolina que no hace ignición, o como la madera mojada en el fuego.

Las personas que dejan que su pasado se convierta en un *termostato* para su futuro están destinadas a recorrer la misma secuencia de eventos. El pasado es sólo un barómetro que nos permite ver lo que pasó y hacer cambios para el futuro. Es una brújula, no un imán. No permita que lo lleve a una repetición de los hechos.

Algunas de las personas más exitosas del mundo fallaron en el colegio o perdieron sus negocios. Muchos acaudalados han estado en bancarrota o empezaron muy pobres. El ganador de este año fue el subcampeón del año pasado. Creo que a veces son las fallas del pasado las que nos dan la beligerancia de atacar el nuevo día con un espíritu tenaz e implacable.

No repita los errores. No se case con la primera persona que le parece agradable. Esto sería como usar a la nueva persona como un sedante para aplacar el dolor de la anterior. La nueva pareja no se dará cuenta de esta situación hasta que sea demasiado tarde, y él o ella estarán envueltos en una relación con alguien que todavía está relacionado con el pasado. La nueva persona sólo será un antidepresivo, usado para calmar el dolor.

¡Qué sabio es aprender la percepción de hacer decisiones excelentes! Para mí, como otros muchos hombres antes que yo, la vida es el resultado final de una serie de decisiones. Si nosotros queremos cambiar los resultados, debemos cambiar las decisiones.

El hecho es que nosotros no podemos seguir adelante en nuestras vidas hasta que no dejemos ir a nuestro pasado. Cuando lo hayamos dejado ir, nuestra oportunidad se abrirá y cualquier cosa será posible.

El pasado es sólo un barómetro que nos permite ver lo que pasó y hacer cambios para el futuro. Es una brújula, no un imán.

Enseñe a sus hijos el arte de sacar provecho de los errores, en lugar de sucumbir a ellos. Después de estas experiencias usted puede ser mejor padre o madre de lo que era antes. Siempre es triste no tener la influencia del otro padre. El dolor por el que se ha pasado puede hacer que usted reflexione más profundamente que cuando tenía ayuda. Vamos a discutir las técnicas que lo ayudarán a emplear la asistencia de los que están a su alrededor, aun cuando el compañero que pensaba que tendría a su lado lo haya abandonado a usted y a su hijo.

Una advertencia: si su excompañero no ha abandonado a su hijo, no permita que el dolor haga que usted use a su hijo como un instrumento. Esté seguro de que su hijo sepa que usted es el único divorciado, ¡no el niño!

P.D.: Asegúrese que usted también lo comprende. Es posible divorciarse del padre y seguir amando al hijo. Por favor, no niegue a su hijo el derecho de tener a su otro padre. Aun cuando su esposo haya sido un malísimo e infiel compañero para usted, no siempre significa que él o ella no sea un padre fiel.

3. Enséñeles a amar a las personas imperfectas

Sí, el amar es un riesgo, pero todavía tiene valor. Si sus hijos lo escuchan decir esto, los ayudará a que no se conviertan en escépticos y digan: «Yo nunca amaré». Esta amargura ha contribuido a crear una generación de portadores de armas, vendedores de drogas, niños de corazones duros, quienes desde muy pequeños han visto muchas situaciones de adultos. Tenemos que guiar a nuestros hijos durante el proceso de curación. No sólo usted fue herido.

Todas las personas son un compuesto de cualidades buenas y malas. Elimine la culpa y quitará la vergüenza. Una de las cosas maravillosas que puede enseñarle a sus hijos después del fracaso de un matrimonio, es la realidad de que nadie es perfecto. Enséñeles que si ellos van a amar, deben estar preparados para amar a personas imperfectas.

Enseñe a sus hijos que Ozzie y Harriet eran actores y que Barbie y Ken eran muñecos. Enséñeles que cuando amamos a alguien, debemos amar las áreas buenas, y a la vez estar preparados para tolerar las áreas que todavía están en construcción.

Se evitarán muchas desilusiones, al saber que todos nos vamos a decepcionar del otro. La realidad es que muchas veces nos decepcionamos de nosotros mismos. Si vamos a amar a alguien, debemos estar preparados para amar «a pesar de todo»; un amor que declare: «Yo te amo a pesar de todo».

Enséñeles que si conocen a alguien quien les exige que ellos cambien su forma de ser para poder amarlos, entonces esta persona no es la correcta. Cuando el amor es el correcto, estamos dispuestos a vivir con las fortalezas y debilidades de todos en la misma casa. Es asombroso, pero el amor parece cubrir los defectos. Cubrirlos no significa que usted no esté consciente de ellos, sino que el pacto es lo suficientemente fuerte para cubrir el accidente; como una buena póliza de seguro que cubre a un conductor que comete una infracción.

> «Y ante todo, tened entre vosotros ferviente amor;
> porque el amor cubrirá multitud de pecados».
>
> —1 Pedro 4:8

No se asombre de que la muchacha virgen haya cubierto al novio con sangre. La sangre es la única forma en que una relación puede sobrevivir. Si no fuera por ella, no estaríamos con el Señor. Conforme sus niños vayan emprendiendo su vida, enséñeles la necesidad de conocer el arte de perdonar. Si el pacto no es lo suficientemente fuerte como para derramar sangre sobre él, entonces esta persona no es la correcta.

¿Por qué el pacto es tan importante? Me alegro que lo pregunte. Después de un divorcio traumático, los hijos, inesperadamente, creen que las personas pueden cansarse uno del otro. Para ellos es terrible darse cuenta de que Mami y

Papi se dejaron de amar. Los niños se preguntan: «¿Cómo puede ser posible?».

En lo más profundo, muchos sienten que ellos van a ser las próximas víctimas. Piensan: *«Supongamos que yo no limpio mi cuarto ni saco la basura. Entonces, tal vez yo también tenga que irme».* Ayude a sus hijos a superar estas inseguridades. La inseguridad puede llevar a la depresión o la amargura. El problema no es sólo la ausencia del otro padre; es el encarar el hecho de que las personas se rinden.

Esto es aterrador para todos. Por eso, asegúrese de fortalecer el conocimiento de los hijos sobre cómo se supone que debe funcionar el matrimonio. Al final, ellos preguntarán: «Si eso es verdad, ¿por qué ustedes no siguen juntos?». Dígales que el modelo es correcto, pero hubo una falla en el material. Dígales la verdad. Dígales: «Nosotros fallamos».

No le eche la culpa al modelo por cualquier cosa que haga. Enseñe cómo es el modelo, pero adviértales que es lo ideal, y que ocasionalmente habrá imperfecciones en el material. En lo posible, deben evitar comprometerse con un material que esté muy fallado, al punto de que no se pueda vivir con el vestido del matrimonio. Dígale a sus hijos que eso es lo que usted hizo, y que no quiere que les suceda a ellos.

4. Enseñe a sus hijos a convertir su dolor en poder

El dolor no tiene prejuicios; nos llega a todos. Invade indiscriminadamente tanto a los jóvenes como a los viejos. Ataca a los acaudalados y a los pobres. Ninguna raza escapa de sus garras; sus tentáculos pueden envolver al orgulloso o al humilde. Aun así, el dolor es productivo.

Si nuestros cuerpos físicos no conocieran el dolor, no

tendríamos la forma de saber que estamos yendo muy lejos. Nos heriríamos nosotros mismos en vez de repararnos, porque nada nos advertiría que nos hemos golpeado el dedo del pie o martillado el dedo de la mano. Sí, el sufrimiento duele, pero hay un propósito en ello.

Dios nos permite sufrir no porque sea sádico, sino porque el sufrimiento nos deja saber cuándo necesitamos hacer cambios. La oración nos permite determinar cuáles son esos cambios que se necesitan hacer. A medida que oramos, el gran Médico analiza y evalúa las posibles opciones a las que podemos recurrir, o sufrir las consecuencias de nuestra rebelión.

Hay dos clases de dolor que quiero discutir brevemente. Uno es el sufrimiento que debe ser superado. Si el corredor sólo corre hasta que se cansa, nunca sacará ventaja. Si un levantador de pesas nunca se reta a sí mismo a hacer una repetición aun cuando sus brazos están quemando, nunca pasará al siguiente nivel.

Ambos, el fisicoculturista y el corredor les dirán que hay también un dolor que debe ser respetado. Sí, hay un dolor que le avisa al cuerpo: «Estás yendo demasiado lejos. Es tiempo de parar y descansar». Este dolor no debe ser ignorado.

David dice: «Desde el cabo de la tierra clamaré a ti, cuando mi corazón desmayare» (Salmo 61:2). Él quiere decir que cuando su corazón estaba sobrecargado por las circunstancias y el dolor, los cuales eran demasiado para él, se acercaba a Dios en oración.

El dolor a menudo se convierte en el combustible que fortalece nuestras oraciones. Usted, como padre—encontrándose justo en medio de su sufrimiento y fracaso—¿ha considerado arrodillarse al borde de la cama con sus hijos, y pedirle a Dios que los ayude? Sus hijos son ramas que pueden florecer de un matrimonio muerto. Pero nunca florecerán si no les enseña a orar.

Usted puede preguntar: «¿Cómo les enseño?». Lo hace admitiendo que los padres que su hijo tiene no son perfectos y que pueden fracasar, pero hay una relación estable que nunca se romperá: es la relación con el Señor.

Por favor, arrodíllese con sus hijos y déjelos escuchar su oración, no culpando a la otra persona sino pidiéndole a Dios que lo perdone, que la perdone por cualquier cosa que usted haya hecho, hasta por no haber tenido la suficiente precaución al escoger pareja para el matrimonio. Coloque sus manos sobre sus hijos. Abrácelos y condúzcalos hacia la Roca que nunca falla.

Soy testigo, que en la noche Él puede hablarles a sus hijos al oído más de lo que usted les ha explicado durante el día. Para Él todos ustedes son sólo pequeños niños que necesitan descansar. Descansen en Él.

La mala noticia es que Él conoce sus defectos más profundos. La buena noticia es que Él los ama «de cualquier forma». Mi consejo para los hijos más jóvenes de Dios, así como para los más viejos, es una sencilla pero firme convicción: descansen en Él.

PREGUNTAS DE DISCUSIÓN

1. El autor indica que muchas escrituras del Antiguo Testamento comienzan con las palabras "Y aconteció que...". Jakes nos dice: "Considero que esa es una palabra de ánimo para alguien que piensa que lo que ellos están atravesando va a durar para siempre. ¡Oh no, mi amigo! Usted está muy equivocado. Las experiencias devastadoras de su vida no vienen para durar para siempre, sino que son temporeras (aconteció, pasó y ya no es)".

   En las siguientes líneas, haga una lista de aquellos eventos de mayor estrés a los que se está enfrentando en estos momentos. Según vaya escribiendo cada uno de ellos, susurre una oración que diga: "Gracias, Señor, que esto no vino para durar para siempre, sino que va a pasar de mi vida".

   _____

   _____

   _____

   _____

   _____

   _____

   _____

2. T. D. Jakes dice, "enseñe a sus hijos el arte de sacarle beneficio a los errores en vez de sucumbir a ellos". Observe cada uno de los eventos que mencionó en la pregunta anterior. En las siguientes líneas, decida cómo usted puede usar

cada uno de ellos como un escalón hacia el triunfo. (Puede escribir la lección que aprendió, alguna oportunidad que le brindó o algún otro desenlace positivo que surgió de lo que aparentaba ser algo malo).

_____

_____

_____

_____

3. ¡Ah! ¡El dilema de la gente imperfecta! El autor nos dice que "dentro de nosotros hay una mezcla de cualidades positivas y negativas". Él nos advierte que debemos enseñarle a nuestros hijos que "si ellos van a amar, ellos deben estar preparados para amar a personas que tienen defectos".

En las líneas que siguen, mencione tres cualidades positivas y tres cualidades negativas para cada persona de su familia incluyendo su excónyuge.

_____

_____

_____

_____

_____

4. En este capítulo aprendimos que "el dolor nos permite conocer cuando necesitamos hacer cambios". Usando la misma lista de eventos de mayor estrés que preparó para las preguntas uno y dos, ahora prepare un plan con una fecha

de logro para implementar la acción necesaria que pueda convertir su falla o situación estresante en un escalón. Delinee paso por paso, específicamente las acciones que tomará. A cada paso, póngale una fecha en la que usted espera obtener logros.

ACTIVIDADES PARA ORDENAR SU DESTINO
—Retratos de oportunidades—

Materiales: Cartulina gruesa, pedazos de losa rota, pegamento, fotos de familia que midan 5 pulgadas por 7 pulgadas.

Consiga suficientes piezas de cartulina gruesa de aproximadamente 9 pulgadas por 11 pulgadas y dé dos pedazos a cada miembro de su familia. Ayude a cada niño a cortar un cuadro de 5 pulgadas por 7 pulgadas en el centro de uno de los pedazos de cartulina.

Busque pedazos de losa rota de distintos colores en alguna ferretería. (Para niños más pequeños, puede usar pedazos de cartulina o papel de colores). Permita que cada niño pegue los pedazos de losa rota por todos los bordes de la cartulina que ha sido cortada en el medio. Esto formará un colorido marco de terrazo.

Cuando se haya secado el pegamento, ayude a cada niño a colocar la foto de familia dentro de las dos piezas de cartulina. Si fuera necesario, use alguna cartulina más fuerte para la parte de atrás de la foto.

Mientras trabaja, dialogue con sus hijos acerca de la belleza de los pisos de terrazo o de las ventanas de cristales a colores. Explique que ambos están hechos de piezas rotas. Dígales que Dios hace lo mismo con nuestras vidas rotas; Él las toma y hace algo bello.

(Asegúrese de tener la lista de las buenas cualidades de los miembros de su familia cuando ore con ellos).

ORACIÓN

(Cuando vaya a orar por su familia, asegúrese de tener al frente suyo la lista de cualidades positivas de cada uno de ellos).

Padre que estás en los cielos, gracias por amarnos aún cuando somos gente imperfecta. Perdónanos por las cosas que hacemos que ponen a prueba que no somos perfectos. Perdónanos cuando nos herimos unos a otros y cuando fallamos en animarnos unos a otros.

Gracias por las buenas cosas que tú has puesto dentro de cada uno de nosotros. Te agradezco por cada buena cualidad que veo en _____ [mencione cada niño, uno por uno, agradeciendo a Dios por cada una de las tres cualidades que tiene en sus respectivas listas. Cuando ore por cada niño, ponga sus manos sobre él o ella].

Gracias porque tú eres el Padre perfecto. Gracias porque tú nunca nos fallarás. Gracias porque tú nos has prometido, "que sabes los pensamientos que tienes acerca de nosotros, pensamientos de paz, y no de mal, para darnos el final que esperamos" (Jer. 29:11).

Te amamos, Padre. En el nombre de Jesús, amén.

Capítulo 3

La lamentación
posterior

No todos los hogares de padres solteros son el saldo triste de un matrimonio destrozado. Sé que otras circunstancias se prestan a la complejidad de esta situación. Muchos niños nacieron en salas de parto donde no había brazos masculinos para recibirlos. Madres que se han jalado el pelo salvajemente durante los dolores del parto, jadeantes y haciendo esfuerzos, pujando detrás de la cortina de su carne ensangrentada, al hijo de un salvaje fin de semana, el vástago de una promesa rota.

Sus ojos vidriosos están llenos de dolor; su cara está sudada. Extrañamente, ella se ve y se oye como cuando el niño fue concebido. En esos momentos ella emitía sonidos de éxtasis y placer. Su cara estaba llena de pasión por ese momento electrificante; un momento que parecía maravilloso y lleno de satisfacción, un momento que aliviaba las frustraciones y le permitía exteriorizar sus instintos animales. Luego la carne se retorcía en seducción y entrega. Ella se entregó al momento.

Las estrellas centelleaban, la luna brillaba y el romance estaba en el aire. La música distante ayudaba al ambiente. Había dulces caricias y susurros de cumplidos que llenaban sus necesidades. ¡Qué similar se veía ella entonces a lo que se ve ahora! Entonces ella estaba en una cama; ahora también.

Pero el sudor de la transpiración y los gemidos profundos que emergen ahora son los quejidos que vienen a la mañana siguiente. Son los dolores de una mujer dando a luz, que en su matriz tiene un bebé pero sus brazos están vacíos, sin ayuda. Ella está sola.

Sin duda, el éxtasis y la pasión se han terminado. Sólo queda la responsabilidad que llega al mundo con un grito de dolor y un llanto—los sonidos de dolor que son emitidos de los corazones destrozados de la madre y el hijo abandonados, quienes son dejados para luchar con la triste «lamentación» posterior—la lamentación que viene en la mañana. El suave dolor, como el latido de un dolor de diente. Este dolor nos recuerda que donde estuvimos no fue el mejor lugar para nosotros. Este dolor que ni los que están cerca pueden sentir.

Sí, la madre puede estar cerca de los amigos que están en el pasillo. El tenue olor de las flores puede refrescar el aire. Aun así, ella está sola. Más tarde, en el atardecer, va arrastrándose por el pasillo para mirar la cuna. Observa cómo una pareja orgullosa susurra y mira por la ventana al otro bebé. Ella no puede decirlo, pero desea que hubiese alguien parado a su lado, ayudándola, acariciando su cabello. Sí; ella está sola. Cansada, regresa por el pasillo y se acuesta en la cama, rodeada de la familia bulliciosa y amigos que hablan en voz alta para romper el silencio.

Aun en la noche, cuando descansa en ese frío y deprimente hospital, el silencio da paso a un quejido. Un quejido tan suave que sólo Dios puede escuchar. Él escucha, usted lo sabe. Ella cae en un sueño que necesita, su cuerpo todavía está volviendo a la normalidad después del parto. Sólo antes de que se sumerja a dormir, siente las suaves caricias de unos brazos alrededor de su cintura. Brazos fuertes y amorosos, pero que se han ido. No eran reales. Eran sólo la triste memoria de un momento que se desvanece. Finalmente, la misericordia viene cuando el sueño le permite descansar. En la mañana debe prepararse para llevar a su bebé a casa...sola.

En la casa, siente gozo. ¡Su bebé es tan hermoso...!, y parece brillante e inteligente. Aun así, de vez en cuando su gozo se empaña con una inquietud. Hay una preocupación por las finanzas, y por quién cuidará lo que la vida le ha brindado, mientras se va a trabajar. Existe un tormentoso sentimiento de remordimiento. Ella quiere estar en la casa en todo momento y cuidar a su niño, pero sabe que debe salir a trabajar para poder alimentarlo. Se pone a pensar cómo sería si hubiera sido otra persona. No hay tiempo para esto. Ella es quien es, y tiene lo que tiene. «¡Dios, ayúdame a hacerlo!», susurra. Él escucha, pero no responde.

"DIOS, ¿DÓNDE ESTÁS?"

¿Alguna vez usted ha atravesado por una situación traumática y Dios no le ha dicho nada? ¿Alguna vez ha necesitado de su seguridad y Él ha estado en silencio? Hay momentos en que Él no habla, aunque siempre escucha. Él escucha el lloro más silencioso de un corazón destrozado, escondido detrás de una mirada valiente y una determinación desafiante. Escucha un suspiro a las siete de la noche en un departamento, cuando la puerta se abre y llegan los comestibles, y el bebé cargado en brazos cansados. Él escucha el grito de unos pies dolorosos, de una espalda cansada y de una muchacha que no ha tenido tiempo para ella misma. Él escucha, Él escucha; pero algunas veces, no habla.

El reto es adorar a Dios en el silencio. No es suficiente tener amistad con Él cuando está hablando. El reto es seguir teniendo confianza mientras Él permanece en silencio. ¿Qué hay en el silencio que causa tanta inquietud a nuestros espíritus? He conocido personas que hablan nerviosamente en un avión a otros que están virtualmente en silencio. Es como si el silencio fuera un gran insulto para toda la humanidad, por lo que los otros sólo necesitan escucharlos hablar.

He visto personas que no han dicho nada para romper el silencio, sino sólo escuchar un gruñido o un suspiro. ¿Qué hay en el silencio que intranquiliza el corazón? Cualquier cosa que sea, hay momentos cuando la madre o el padre soltero se pregunta: *«Dios, ¿dónde estás en medio de este desafío? Si tú no resuelves esta crisis... sólo necesito escuchar que Dios me está prestando atención».*

Se preguntan: *«¿Me está castigando por mis pecados pasados?»* Suspiran: *«¿Está castigándome por un momento de pasión?».* Hay preguntas que pasan por la mente de los que sienten que la vida ha sido cruel e injusta. Desesperados de luchar y consumidos por sobrevivir, aun el mejor de nosotros desea haber tenido más ayuda. Lo que hace que el lamentable estado de algunos padres solteros sea aun más devastador, es el remordimiento que acompaña la situación difícil que pudo haber sido evitada.

No, la mayoría no se arrepiente del niño. Ellos aman a su hijo. Muchos sienten que él es lo único que queda del amor. Independientemente de cómo haya sido concebido, «él todavía es mío. Mi error se ha convertido en un milagro», dice el corazón de una madre que ya no tiene a nadie más a quien amar.

No, no es el hijo quien frecuentemente es rechazado. Es la circunstancia alrededor del niño la que presenta los retos. Es la situación difícil, la lamentable situación difícil que acompaña a los padres solteros, lo que desafía. Es un reto a la seguridad financiera. Un desafío para la viuda o el viudo. Es aun más que eso para el padre de un niño nacido fuera del matrimonio. De algún modo, las personas reaccionan diferente ante la madre y el niño si las circunstancias que rodean su situación difícil están un poco empañadas. No tienen la menor idea de que aun la plata empañada puede ser rejuvenecida y resplandecer con su brillo original.

Esperanza para Agar

Entonces, debemos averiguar lo que le incomoda al padre que tuvo un hijo fuera del matrimonio. Hay una constante explicación que dar en los formularios sobre la ausencia de un padre o madre, cualquiera sea el caso. En las reuniones de padres de la escuela a las que hay que ir sola. Hay personas que son frías e insensibles, y los hijos repiten lo que ellos escuchan de sus padres. Y la iglesia, el refugio de Dios para los afligidos, muchas veces se pone en la posición de juez, en lugar de proveer una atmósfera de aceptación y cuidado. Los santurrones invitan al padre a la iglesia, luego lo critican con recuerdos del pasado (¡aun cuando este pasado es la razón principal de este padre para asistir a la iglesia!).

Usted debe ser fuerte; puede hacerlo. No puede cambiar el pasado, pero sí el futuro. Hay esperanza para usted y su hijo.

Es generalmente la madre quien encara esta situación

difícil. Muy rara vez se encuentra a un hombre quien toma a su niño, nacido fuera del matrimonio, de una madre que no desea afrontar la situación. Puede suceder, pero no a menudo. Generalmente es la madre quien se encuentra abandonada por un hombre que deseaba su amor y su sexo, y aun su atención, pero que no tiene tiempo para su hijo. Es usualmente ella la que es abandonada con el escalofrío helado del remordimiento posterior.

Debido a que ella está atrapada por el remordimiento y por su amor al niño que encuentra difícil de ignorar, empieza a gritar. ¿Ha gritado usted alguna vez? Muchas veces usted puede tener tanto sufrimiento que empieza a preguntarse si la vida vale la pena vivirla.

Había una mujer quien tenía mucha responsabilidad y ninguna ayuda. Fue separada de una vida de la que había llegado a ser dependiente. Había sido objeto de la atracción de Abraham. No tenía dudas de que había sido la conquista de la lujuria de él por muchas noches. Es triste cómo las circunstancias pueden variar. Ahora es arrojada como un refrigerador viejo que ya no sirve.

> «Por tanto, dijo a Abraham: Echa a esta sierva y a su hijo, porque el hijo de esta sierva no ha de heredar con Isaac mi hijo».
>
> —GÉNESIS 21:10

Ella había sido su amante. Aun así tenía un cierto grado de honor. De alguna forma indecente, se sentía especial. Pero ahora que el sentido eufórico de lo místico y la aventura se había disipado, la realidad volvió a su lugar. Ahora era sólo una mujer con un hijo. Una mujer para quien su figura se le había alterado y las finanzas estaban destrozadas. Ella fue arrojada sin honor. Su vergüenza es que la sociedad nunca hizo mucha provisión para una mujer frustrada. Su nombre era Agar, que significa «extraña».

Tristemente, se convirtió en eso: una extraña y apartada. Fue separada de la vida para la cual Abraham la adquirió, para servirle de sirvienta a Sara. Ella era una mujer despreciada con sus recuerdos, como prendas de un premio que no podía reclamar. Era número ganador de un primer premio que no podría ser reclamado. Había sido la pasión secreta de él y del brillo en sus ojos. Pero luego fue vergonzosamente expulsada de su vida, sin vida propia. Difícilmente podía mantenerse a sí misma. Estaba sola, o así lo creía.

Hay misericordia para una madre soltera que tuvo un hijo fuera del matrimonio, sin dinero y aparentemente fuera de los planes de Dios. El niño puede haber sido concebido fuera de la orden de Dios, pero no fuera de su providencia. En su providencia Dios nos guarda y sostiene.

La historia de Agar nos muestra su problema y su liberación. Creo que ella es una motivación para la mujer que rara vez consigue ánimo, la que tuvo una relación deshonrosa con el hombre. Aun esta mujer tiene una representación en las Escrituras. Agar simboliza a cada mujer quien el nombre de su bebé tiene una nube sobre él. Representa la mujer que tiene que cuidar el hijo para quien el padre sólo preparó un refrigerio. Lo que Abraham le dio a Agar no era suficiente ni para mantenerse ella sola.

«Entonces Abraham se levantó muy de mañana, y tomó pan, y un odre de agua, y lo dio a Agar, poniéndolo sobre su hombro, y le entregó el muchacho, y la despidió. Y ella salió y anduvo errante por el desierto de Beerseba».

—Génesis 21:14

La manutención que dio el padre para su hijo no era suficiente. Esto no la llevó muy lejos; fue una miseria dada por un hombre culpable y tirano, cuya vida había crecido más allá de lo que ella necesitaba. ¿Él sentía algo por ella? Probablemente. ¿Él amaba a su hijo ilegítimo? Ciertamente. Sólo que su esposa había decidido que ya era suficiente. Él había tomado una decisión drástica; esta era la decisión correcta. Pero, ¿correcta para quién? ¿Fue correcta para Agar? No. Era correcta para Sara. Era correcta para él. Pero la verdad es que algunas veces, cuando algo se hace mal, aun lo correcto duele.

Él le dio una ofrenda: un almuerzo. Hay mujeres solteras en todo el país quienes, como Agar, han sido enviadas a la jungla con un bebé y un almuerzo. En algunos casos esto es todo lo que el padre tiene para dar. En el caso de Abraham, esta fue una pobre y magra atención para librarse de su culpa. Era un hombre acaudalado, pero aun las mujeres que juegan con hombres acaudalados, que no son de ellas, terminan con un bebé y un almuerzo. Algunos de ustedes han estado tratando de comprar pañales, uniformes de fútbol, trajes de promoción y todavía más aparte del dinero que es para la comida.

¿Ha gritado usted alguna vez? Muchas veces usted puede tener tanto sufrimiento que empieza a preguntarse si la vida vale la pena vivirla.

No se si Agar cayó en un estado de ansiedad por el rechazo de Abraham hacia ella o por sus pobres provisiones.

Cualquiera que sea la razón, estaba en la soledad de la ansiedad, muriéndose.

Quiero dar ánimo a la mujer que se siente traicionada y desterrada, a la que se siente con amargura y abandonada. Ella ha sido arrojada, escondida. Está caminando a través de la jungla de la vida, la jungla de la vergüenza pública, o de amar al esposo de alguien más. Mientras lucha por corregir su error, está viviendo sin dinero para el almuerzo, y se encuentra en un estado de ansiedad.

Antes de que usted llame a la policía y haga arrestar a Abraham, recuerde que lo que se necesita no es un cheque, aunque esto ayudaría. Ha perdido más que el dinero, ha perdido la confianza en sí misma y no sabe adónde dirigirse. Ella ha perdido el enfoque y la identidad. Todos sus planes ya no significan nada. Está lidiando con el remordimiento posterior.

Está tan dolorida que se ha distanciado de su propio hijo. ¿Usted sabe que el estrés y la presión pueden distanciarlo de su querido hijo al que usted está cuidando? Está tan turbada que se ha distanciado de su propio hijo. ¿Alguna vez se ha sentido molesta, o molesto, y ha tenido arranques de cólera, poca templanza y frustración? ¿Se ha distanciado de sus hijos por la cantidad de problemas que tiene que afrontar? ¡Agar lo hizo!

> «Y le faltó el agua del odre, y echó al muchacho debajo
> de un arbusto».
> —Génesis 21:15

Apartó a su hijo de ella. No lo mató; sólo lo echó. Mi Dios, mira lo que le está haciendo a su hijo. ¡Está haciendo con el niño lo que hicieron con ella! ¿Usted está tratando a su hijo tal como la trataron a usted? ¿Le ha gritado porque alguien le gritó a usted? Algunas veces es muy difícil dar a otros lo que nosotros no hemos recibido. La mujer que fue arrojada ahora arroja a su hijo. Ella está viviendo una serie de malas relaciones.

En este país vemos muchas Agar, quienes han arrojado a sus hijos, escondiéndolos bajo los arbustos de la televisión. Escondiéndolos bajo los arbustos de las pandillas del vecindario. Son niños invisibles, escondidos de la vista de padres estresados y abrumados, quienes simplemente se sienten demasiado agotados para atender a sus hijos. No siempre es debido a la carencia de amor o que no les importe; simplemente están vacíos, molestos y cansados.

Aun así, hay una necesidad que no se puede ignorar. El bebé de Agar está llorando por atención. Algunas veces el grito es silencioso; en otras es ensordecedor. Quiero que usted entienda que vivir en un estado negativo no resolverá el problema. De hecho, años más tarde ese problema se multiplicará.

Contrariamente a la sugerencia de los medios, esto no es un problema de la situación económica. Aun los acaudalados han escondido a sus hijos, sólo que los arbustos son más prestigiosos. Algunos los han escondido en lujosos colegios preparatorios. Los han escondido detrás de niñeras que no tienen agua.

> *Si quiere tener éxito como padre, debe estar preparado para confrontar cosas que a su carne le gustaría rechazar.*

Ninguno de estos lugares llamados «escondites» son negativos, a menos que se conviertan en arbustos que usamos para esconder los profundos problemas de una relación pobre. Estos sustitutos sólo los cubren, pero no los ministran. Yo sé muy bien lo duro que es organizar su tiempo entre negocios, responsabilidades y la obligación familiar. Pero si nosotros no nos permitimos un tiempo valioso, y dependemos exclusivamente de estos arbustos—ya sean los colegios La Salle o el descampado de la esquina—cada uno sufrirá graves consecuencias.

LA PALABRA CLAVE ES *¡JUNTOS!*

La respuesta puede ser tan simple como compartir una ocasional comida juntos, donde todos pasen un buen rato. Algunas veces podemos hacer algo juntos, tal vez una actividad que, de todas maneras, todos debemos hacerla: hacer ejercicios, ayudar en un centro de salud, colaborando en un programa de la iglesia. No tiene que ser un lugar caro, pero sí efectivo. Esto ahorrará tiempo y ayudará a la relación. O puede ser nada, sólo tener un desayuno juntos el sábado, o lavar el automóvil juntos en el patio. La palabra clave es *¡juntos!*

Debemos evitar a toda costa los arbustos que ensombrecen las necesidades de nuestros hijos, quienes todavía están sin agua. Los arbustos nos permiten cubrir los problemas profundos con soluciones temporales, los cuales no satisfacen la sed de un corazón humano. Todos necesitamos amor y buenas relaciones. Muchas personas que pertenecen una familia de un solo padre no comen juntos o comparten otras actividades porque no se ven como una familia. Puede ser que no sea una familia tradicional, pero aun así es una familia. Asegúrese de que usted incluye algunas tradiciones familiares. Las tradiciones no son tan importantes, sino el poner vigor al hecho de que ustedes son una unidad.

Yo quiero que usted haga un compromiso. Investigue las formas en que pueda estar escondiendo a sus hijos en los arbustos. Es importante que no se sienta culpable; esto sólo lleva a la depresión y no ayuda a nadie. Usted necesita explorar las formas en que puede consolidar su tiempo, para dar paso a que la tradición familiar se concentre alrededor de algunas cosas que necesita hacer de todas formas. Permita a sus niños compartir su vida con usted. Puede buscar alguna compañía. Después de todo, no hay nada como edificar una relación con aquellos con los que estamos relacionados. No debemos esconder más a nuestros hijos detrás de esos arbustos que no calman su sed.

---

*Dios la o lo ha escogido para educar a ese niño. El
la o lo ha ungido con la maternidad/paternidad.
Le ha sido dada la misión de cuidar a ese niño.
Y por la gracia de Dios, usted lo puede hacer.*

No podemos solamente «cuidar» a nuestros hijos mientras vendedores de drogas, líderes de sectas y grupos extraños los adiestran. He observado que, inclusive en las iglesias, algunos profesores de escuela dominical no tienen una visión real para nuestros hijos. Si tenemos el ministerio de los niños, debemos estar seguros que estamos saciando la sed de nuestros hijos, y no sólo cuidándolos mientras los padres están en el culto.

Las iglesias que no están usando «iglesias de niños» deben considerarlo. De otro modo, nuestros hijos son estacionados en una banca como si fueran maletas, escuchando sermones acerca de la fe para pagar cuentas que ellos no tienen, unir matrimonios, encarar crisis de la mediana edad y escuchar muchos otros mensajes maravillosos que no son aplicables a sus realidades.

Bien, estoy seguro que usted va a decir: «Bueno, por lo menos están en la iglesia». Es verdad, pero la verdadera pregunta es: ¿La iglesia está llegando a ellos? Sí, hay sombra pero no agua. Muchos de nuestros hijos son protegidos del sol pero no alimentados. Si quiere tener éxito como padre, debe estar preparado para confrontar cosas que a su carne le gustaría rechazar. A menudo hemos fallado en darles agua. Debemos desafiarnos en todas las área de nuestras vidas que tienen que ver con nuestros hijos. Si sólo los estamos cubriendo del sol, debemos retarnos a nosotros mismos para darles agua, o seguir andando.

Muchas veces los padres solteros quedan atrapados en la rutina de pensar que si ellos proveen sombra, han hecho lo suficiente. Pero, querida amiga o amigo, ellos necesitan ser regados con las mismas cosas que usted necesita. Necesitan afecto y afirmación, y por lo menos momentos de mucho valor. La cantidad de tiempo puede que no sea una realidad, pero debe haber buena comunicación y *calidad* de tiempo. La comunicación es el agua de la relación. No importa qué clase de relación es, si no hay comunicación, las cosas se secan.

En la desesperación de su situación, Agar, de alguna forma, renunció a su papel de madre y se retiró de la escena. ¿Ha estado alguna vez tan sobrecargado con el presupuesto y el estrés de padre que ha escondido a su hijo en los arbustos? Tenga cuidado y no permita que las frustraciones causen que usted se rinda a lo que Dios le ha encomendado. Esa es la verdad: Dios la o lo ha escogido para educar a ese niño. El la o lo ha ungido con la maternidad/paternidad. Le ha sido dada la misión de cuidar a ese niño. Y por la gracia de Dios, usted lo puede hacer.

Por favor, no caiga en la trampa de pensar que el cuidado

de un hijo es simplemente «cosa de dinero». Recuerdo un día cuando los hijos eran educados con valores y amor en hogares pobres, con techos con goteras y cunas incómodas. Hay mucho más involucrado en el cuidado de un hijo que el dinero. Los políticos nos han convencido que el secreto para el cuidado de un niño es solamente el dinero. Pero no es así. Es la relación. Sólo necesita hablar con alguien de edad avanzada que haya sido educado durante la época de depresión. Ellos tenían menos y crecían mejor. No es cuestión del «dinero para el almuerzo» que alguien le dé.

He sido un hijo destrozado, pero he encontrado a Dios, quien ama a las personas destrozadas.... Si levanta los ojos, Él le mostrará la divina provisión para cada una de sus necesidades: emocional, financiera o espiritual.

Usted no depende del dinero del almuerzo. Esto no es suficiente. Aun si fuera abundante, no es suficiente. Su gasto es más que dinero; su costo es energía, atención y afecto, para lo cual no tiene tiempo. Ninguna cantidad de dinero es bastante. Pero la gracia de Dios es suficiente. Una vez que haya hecho todo lo que puede hacer, el resto es materia de oración. Confíe en Dios para hacer la diferencia entre lo que usted ha provisto y lo que Él puede proveer. Él es el *allos parakleto*, un término griego que significa «el que permanece junto para ayudar». ¿Necesita ayuda? Yo sí. Mi esposa y yo estamos educando a cinco hijos juntos, y todavía yo digo: «Señor, ayúdanos».

He sobrevivido a un hogar roto. He sido un hijo destrozado, pero he encontrado a Dios, quien ama a las personas destrozadas. Cualquier cosa que necesite, Él es capaz de hacer la diferencia entre el dinero para el almuerzo de un Abraham y la fuente de agua que sólo Dios provee. Si levanta los ojos, Él le mostrará la divina provisión para cada una de sus necesidades: emocional, financiera o espiritual. Él sabe dónde está la fuente de agua, y sólo Él puede mostrarle de dónde tomarla cuando su corazón está abrumado.

> «Entonces Dios le abrió los ojos, y vio una fuente de agua; y fue y llenó el odre de agua, y dio de beber al muchacho».
>
> —Génesis 21:19

Conforme exploramos estos puntos, mire y abra sus ojos a las perfectas provisiones que Dios da a los que no venimos de situaciones perfectas. La situación no tiene que cambiar para que la provisión sea asignada. Levante sus ojos y vea que Dios tiene una provisión para cada problema que pueda presentarse.

LECCIONES DE LA VIDA DE AGAR PARA PADRES SOLTEROS

Quiero que revise unas cuantas áreas en su mente; resalte las faltas y las soluciones de Agar. Los errores se pueden corregir si los descubrimos a tiempo. Observe a Agar y todas las injusticias que crean este escenario, y vea también cómo Dios ministra a la madre soltera que se encuentra con un hijo que ella no puede mantener.

Agar es motivo de un sermón relevante y necesario a través de las experiencias de su vida. Se puede aprender de su sabiduría, lo que nos ayudará a ser más eficientes en el

Reino. Deseo resaltar algunas ilustraciones de las cuales usted puede hacer un motivo de oración y meditación, a la vez que sostiene las manos de su preciosa familia.

Los padres solteros deben resistirse a vivir negando la realidad

> «Y se fue y se sentó enfrente, a distancia de un tiro de arco; porque decía: No veré cuando el muchacho muera. Y cuando ella se sentó enfrente, el muchacho alzó su voz y lloró».
>
> —GÉNESIS 21:16

Agar me recuerda a una avestruz; ella escondió su cabeza en la arena y comenzó a hablar. Está negando la realidad. Ella piensa que si no mira, la crisis desaparecerá. Usted es el único que está ahí para mirar a su hijo, debe mirar. Si usted no vela por su hijo, ¿quién lo hará?

Conozco el dolor que se siente con la sobrecarga de trabajo y bajos salarios. Sé lo duro que es trabajar sin parar y nunca tener a alguien que reconozca esa dedicación. Pero tengo que advertir: el desierto no es el lugar para abandonar su misión. Así que tome coraje y abra sus ojos y oídos.

Ella hubiera querido no haber escuchado el llanto del bebé; no quería verlo morir. Esas son dos cosas que el enemigo desea usar contra los padres solteros. Él sabe que sus ojos son los únicos ojos en la casa; sabe que usted está abandonada (-ado) en el desierto. Él quiere que usted cierre sus ojos y sus oídos. Por favor, ábralos. ¿Quién está con su hijo? ¿Con quién está pasando el tiempo mientras usted está batallando con las cuentas por pagar y el trabajo? ¿A qué hora regresó su hija, y quién estaba en el carro? Estas son las cosas que el enemigo no quiere que usted escuche o vea. Abra sus ojos y sus oídos.

Si nota que su hijo tiene mucho dinero extra, mejor empiece a hacer preguntas. Una pequeña investigación es necesaria. Las madres especialmente tienden a ser más ingenuas. Desafortunadamente, no puede asumir que ellos están diciendo siempre la verdad. ¿Cómo se hizo tu hija ese moretón en la pierna? ¿Por qué parece que ella ha estado llorando cuando vino la noche anterior? ¿Con quién está susurrando en el teléfono? No, no estoy tratando de crearle una paranoia: solo decirle que esté alerta. Sí, es bueno confiar en nuestros hijos, pero aun los adultos luchan con ser honrados.

Es fácil para las personas muy ocupadas olvidarse de hacer estas preguntas. Desafortunadamente hay una tentación de esconderlas bajo los arbustos. Esconder una responsabilidad se convierte en una incubadora, de donde puede producirse un gran problema.

Además, Agar estaba preocupada de su propio dolor. ¿Usted sabe que es muy fácil tener una relación con su sufrimiento? La relación puede llegar a ser tan ruidosa que no llegue a oír el llanto de los que están a su alrededor. Ella lloró desconsoladamente porque pensó que su vida había terminado. Pensó que su vida había llegado a su fin por haber sido separada de Abraham. Lo que ella no sabía era que no había sido separada de Dios.

Sí, aun en el desierto Dios cuida de las madres y los padres solteros. Él está ahí en la batalla más oscura que usted haya conocido. Está ahí en medio del laberinto del rol de padre. Él mismo se mostrará fuerte cuando usted tenga necesidades. Él cuida de usted, para que usted pueda cuidar de sus hijos.

El arte de ser padre requiere que transmita la compasión que ha recibido de Dios. El papel de padre simplemente pasa del Padre celestial a usted, y de su persona a los suyos. Si Él nunca abandonó la lucha por usted, ¿cómo usted va a dejar de luchar por los suyos? Transmita el alivio de la presencia de Dios a aquellos que dependen de usted. Nosotros confortamos a otros de la misma forma en que se nos ha confortado.

> «Bendito sea el Dios y Padre de nuestro Señor Jesucristo, Padre de misericordias y Dios de toda consolación, el cual nos consuela en todas nuestras tribulaciones, para que podamos también nosotros consolar a los que están en cualquier tribulación, por medio de la consolación con que nosotros somos consolados por Dios».
>
> —2 Corintios 1:3–4

Los padres solteros deben andar tras sus hijos

> «Levántate, alza al muchacho, y sostenlo con tu mano, porque yo haré de él una gran nación».
>
> —Génesis 21:18

Esto significa, simplemente, que la responsabilidad de reconciliación descansa en los padres y no en los hijos. Es usted quien debe estar tras ellos. Muchas veces los padres, quienes han dado mucho, se frustran y dicen: «Renuncio a la educación de mi hijo». Esto no es fácil de hacer, porque es muy difícil rendirse a uno mismo, y esos niños son suyos. Si ellos serán sanados y fortalecidos, no será por el gobierno, tratando de colocarlos en las encumbradas bancas de la política, regulando las necesidades de las familias destrozadas.

Esto me recuerda la grandeza de Dios, quien fue el padre soltero más grande, cuando su hijo Adán cayó en el pecado. Adán no buscó a Dios; fue Dios quien se dedicó con todas sus fuerzas para su hijo. La Biblia dice que Él caminó por el fresco del jardín buscando a su hijo.

Dios le ha dado el ministerio de reconciliación. No pierda la confianza en el don de Dios, quien le ha dado la habilidad de reconciliarse con su hijo. Usted tiene el poder del éxito. La Biblia dice que usted tiene el ministerio de la reconciliación. Como cristiano, tiene el ministerio de reconciliar a los pecadores con Dios. Seguramente Él le permitirá reconciliar a su propio hijo. Simplemente, no se rinda en lo que Dios le ha encomendado. Puede ser que tenga que salir de su camino, pero Dios está con usted.

> «Y todo esto proviene de Dios, quien nos reconcilió consigo mismo por Cristo, y nos dio el ministerio de la reconciliación; que Dios estaba en Cristo reconciliando consigo al mundo, no tomándoles en cuenta a los hombres sus pecados, y nos encargó a nosotros la palabra de la reconciliación.
>
> »Así que, somos embajadores en nombre de Cristo, como si Dios rogase por medio de nosotros; os rogamos en nombre de Cristo: Reconciliaos con Dios».
>
> —2 Corintios 5:18–20

Usted tiene el poder de alcanzar a su propia semilla. Yo estoy de acuerdo con usted en que su hijo será reconciliado con Dios, y si existe una brecha en su relación, creo que él o ella pueden reconciliarse con usted. Quiero darle tres pasos que Agar utilizó, los cuales todos los padres solteros pueden aplicar.

1. «Levántate». Levante su propia autoestima.

Nunca podrá levantar a otros mientras esté caído. Debe permitir que la Palabra de Dios lo saque de cada depresión en la que caiga. Puede estar presionado por las finanzas, por las relaciones o simplemente por el estrés. Pero recuerde que para levantar a alguien usted debe estar encima de ellos.

2. «Alza al muchacho». Dé refuerzo positivo.

El alfarero nunca presiona la arcilla para abajo; siempre la levanta. Si usted desea un efecto positivo, recuerde que debe «levantar al muchacho» o muchacha, cualquiera sea el caso. Cualquier persona siente simpatía por alguien que lo anima. Nadie permanecerá alrededor del negativismo o de las críticas. Es muy importante para los padres solteros saber que, a pesar de su estado personal, Dios le dará poder para levantar al muchacho. Muchos de nosotros somos sólo fragmentos de lo que pudiéramos haber sido si hubiésemos tenido a alguien que nos levantara. Ahora comprenda que nadie puede venir de afuera y echar abajo a su hijo si usted lo ha levantado.

3. «Sosténlo en tu mano». Inicia el contacto personal.

Es extremadamente necesario que usted tenga contacto personal con sus hijos. Un abrazo tierno, una mano, una caricia, parecen simples, pero sin embargo son poderosos. Usted se sorprenderá lo efectivo que es dar un toque cariñoso y paternal, de afirmación y afecto. Ellos huelen el olor de su mano como las ovejas olfatean a su pastor. Conocen su perfume, su voz. Ellos responden a su toque. Si su hijo sólo escucha

53

su voz o siente su mano sólo para las críticas, se apartará de usted. Sosténgalo en su mano. Es muy importante que haya un tiempo de unión entre la madre o el padre, y su hijo.

Si nosotros no recibimos esta caricia, nos empequeñecemos en nuestro bienestar personal, espiritual o mental. Es impresionante lo que el contacto puede lograr. Quizás no pueda calmar el calor del desierto. Quizás tengan que soportar algunas circunstancias juntos, pero una caricia suya puede traer sanción o restauración. Muchos padres solteros cometen el trágico error de tratar de proveer cosas. Es agradable poder dar cosas materiales, pero es mucho mejor dar un contacto personal.

Una mano gentil, puesta firmemente en el hombro, puede calmar el doloroso parto de una madre. Una mano suave puede dar seguridad a los débiles ancianos a los que les flaquean sus rodillas como gelatina. Una sola mano puede dar fuerzas a una víctima accidentada, a la cual están subiendo a una ambulancia. Sólo un contacto, cuatro dedos y un pulgar, pueden llevar el mensaje más profundo.

Las parejas siempre han utilizado el simple contacto para enviarse mensajes en habitaciones llenas de gente. Si ellos lo pueden usar, sabiendo que el sistema nervioso es un sistema de comunicación aceptado por el cuerpo a una velocidad asombrosa, ¿qué de usted y su hijo? En el apuro frenético de un día muy ocupado, un momento, un toque, una sonrisa, acarician el alma como una suave manta durante una noche fría.

Es esencial que el padre soltero envuelva al niño con la clase de riquezas que no pueden ser tabuladas por un cajero. El rico dividendo de un toque tierno y una agradable acción le permitirán cosechar beneficios en los años venideros. Dele al niño el afecto que él o ella necesitan. Yo he determinado que si uno de los míos termina en las calles recostado en los brazos de un extraño, no será porque mi hijo no encontró afecto y afirmación en la casa, sino será simplemente su decisión. Tal vez si usted y yo hubiéramos sido mejor educados, no habríamos cruzado las líneas o cometido errores que conducen a nuestra generación a tener muchos niños que crecerán preguntándose: «¿Dónde está mi papá?».

Sí, hay momentos que entramos en una circunstancia por la puerta equivocada, pero no debemos mantener esa pobre postura el resto del día. Por la gracia de Dios, nosotros podemos corregir los errores y hacer cambios en el mundo a través de un hijo que nació por un momento de debilidad. Quiero estimularlos a que amen a sus hijos con todo su corazón, sin importar cómo fueron concebidos.

Ni usted ni yo podemos cambiar donde hemos estado, pero siempre podemos alterar donde vamos a ir. Este niño es un viento en movimiento, dirigido a un lugar indeterminado, activado por el entrenamiento que usted le infunde. Haga que la ráfaga de viento sea lo suficientemente fuerte, y que el amor sea lo suficientemente profundo para que ellos nunca despierten con el reto del «duelo posterior».

Por la gracia de Dios, nosotros podemos corregir los errores y hacer cambios en el mundo a través de un hijo que nació por un momento de debilidad.

Sé que no quiere que esto suceda, ni Cristo tampoco. Usted no puede estar siempre amonestándolos o amenazándolos. Muchos padres que han cometido errores en su pasado echan todo por la borda tratando de que sus hijos no cometan los mismos errores. No está mal que tengan esa inquietud, sino *la forma* como lo hacen. Ellos se convierten en guardianes del sexo, hablan en tono violento y furioso, y avergüenzan a su hijo.

Mientras observamos, debemos también tener un balance entre la precaución y la sabiduría. La mejor alarma de fuego debe estar *dentro* de la casa. Nadie puede mirar el fuego desde afuera y pensar que está observándolo en forma adecuada. La alarma de fuego siempre está colocada dentro de la casa. Por lo tanto, es la moralidad la que debe ser inculcada desde temprano en la vida de sus hijos. Es *dentro* de ellos que nosotros queremos que suene la campana cuando un contacto es inapropiado.

Cuando pase de esta área a otra, quiero preparar su mente para una poderosa realidad: nunca piense que no está educando un niño poderoso porque usted esté haciéndolo sola o solo. Nunca permita que los piadosos sociales, impotentes espiritualmente, callejeros religiosos, la (lo) dejen en un estado de desesperanza por un error que usted no puede corregir. Ellos deben entender que usted no puede ayudar en lo que pasó. Solamente puede prevenir que vuelva a ocurrir, utilizando la sabiduría y la buena disciplina.

La vida nos ofrece su propio castigo. Este es más grande de lo que un hombre puede ofrecer. Es la paliza del corazón, y la zurra de la responsabilidad que dura para siempre. Como cualquiera que viola una ley, todos lo hacemos a nuestro tiempo. De una forma u otra, todos sufrimos las consecuencias de nuestras decisiones.

Aun en los castigos que Dios mismo administra, hay algunos lirios en el valle y rosas entre las espinas. Él le ha dado una vida maravillosa y un testimonio poderoso. Esto es una fuerza que le permitirá despertar en la mañana y parar el remordimiento. Qué gozo poder decirse a uno mismo: *Soy un sobreviviente. Yo reproduciré a mi semejanza un hijo quien tendrá mi fuerza y el beneficio de mi consejo. Este hijo será sabio porque he tocado su vida con la melodía melancólica de mi humana canción.*

Preguntas de discusión

1. A pesar de que el enfoque de este capítulo es para la madre soltera, cuyo hijo ha nacido fuera del matrimonio, muchas de las emociones que sienten estas madres son similares a las que experimentan los padres y las madres que son viudos o divorciados. A parte de los asuntos de interés que el autor menciona a continuación, explique brevemente cuál es su situación en esa área.

Asuntos financieros:

_____

_____

Asuntos relacionados con el cuidado de los niños:

_____

_____

Sentimientos heridos por la infidelidad:

_____

_____

Pensamientos de querer ser otra persona:

_____

_____

Asuntos relacionados con el tiempo:

_____

_____

Sentimientos de insuficiencia:

_____

_____

2. El autor menciona que "tú no puedes cambiar el pasado, pero puedes cambiar el futuro". ¿Qué cambios puede hacer y está haciendo en su vida para tornar su situación en una dirección más positiva?

_____

_____

_____

_____

3. Lea Génesis 16:1-10; 21:8-16. Como Agar, muchas veces tendemos a distanciarnos de nuestros hijos debido a la enorme problemática con la que nos enfrentamos continuamente. Usando esta actividad de autoreconocimiento, marque cada una de las situaciones por las que usted ha pasado.

❑ Ha tratado a sus hijos en la misma manera negativa que usted fue tratado(a)

❑ No ha demostrado afecto o apoyo a sus hijos porque a usted no se lo dieron.

❑ Ha tenido una serie de relaciones amorosas poco duraderas.

❑ Ha fallado en darle a sus hijos la atención necesaria, utilizando la televisión como un medio para entretenerlos.

❑ Ha fallado en supervisar adecuadamente las amistades de sus hijos.

4. Para cada una de las situaciones que haya marcado en la pregunta tres, mencione la manera en la que usted puede—y querrá—comenzar a cambiar esa situación negativa en una positiva.

_____

_____

_____

_____

_____

_____

_____

_____

_____

_____

_____

_____

_____

_____

_____

_____

ACTIVIDADES PARA ORDENAR SU DESTINO
—UN VIAJE FAMILIAR—

Materiales: Cartulina gruesa, papel, lápices.

Con sus hijos, dialogue y haga planes para un viaje familiar. Trabajen juntos para preparar un presupuesto que les permita tener el dinero necesario para hacer su viaje. (Nota: Hay muchos lugares en su comunidad que no cuestan mucho—o no cuestan nada—y donde pueden pasar un maravilloso día como familia).

Asegúrese de que el lugar escogido sea realmente un sitio donde todos pueden pasar un buen tiempo compartiendo juntos. Dígale a sus hijos cuán especiales son ellos para usted, y dialogue con cada uno acerca de las necesidades propias que ellos puedan tener.

Cuando se termine la actividad y hayan regresado de su viaje, pídale a cada niño que haga un dibujo del tiempo que estuvieron juntos. Permita que el niño le explique su dibujo, mencionando qué significó esa experiencia para él o ella. Prepare un afiche (poster) familiar, usando cada dibujo y escribiendo palabras que describan su salida. Coloque el afiche en un lugar visible de su casa.

ORACIÓN

Padre, gracias por el maravilloso tiempo que pasamos juntos en nuestro viaje como familia. Gracias por darme a _____ (mencione cada niño). *Gracias por el amor especial que tú nos has dado y de amarnos unos a los otros.*

Padre, ayúdame a encontrar más formas de pasar tiempo con mi familia. Ayúdame a que mi relación con cada uno de ellos sea la segunda relación más importante de mi vida y que mi relación contigo sea mi más importante objetivo.

Gracias Padre, que nunca estamos solos, porque tú estás siempre con nosotros. Ayúdame para que cada día pueda orar por mis hijos las palabras de Pablo: "Doy gracias a mi Dios siempre que me acuerdo de vosotros, siempre en todas mis oraciones rogando con gozo por todos vosotros,... estando persuadido de esto, que el que comenzó en vosotros la buena obra, la perfeccionará hasta el día de Jesucristo;... Porque Dios me es testigo de cómo os amo a todos vosotros con el entrañable amor de Jesucristo. Y esto pido en oración, que vuestro amor abunde aun más y más en ciencia y en todo conocimiento, para que aprobéis lo mejor, a fin de que seáis sinceros e irreprensibles para el día de Cristo, llenos de frutos de justicia que son por medio de Jesucristo, para gloria y alabanza de Dios" (Fil. 1:3-11).

Gracias por amarnos y ayúdanos a amarte a ti y a cada uno, cada día más. En el nombre de Jesús, amén.

CAPÍTULO 4

EL BEBÉ DE MAMÁ;
¿EL DE PAPÁ, TAL VEZ?

QUIERO ENFOCAR VARIOS de los conflictos que encaran los niños nacidos fuera del matrimonio. Muchos de ellos en esta nación encaran el estigma de los chismes y las calumnias dolorosos, que crean una sombra sobre ellos en los años futuros. Voy a compartir algunos puntos de interés, los cuales pueden ayudar a aquellos hermosos niños por quienes la pelea empieza antes que ellos lleguen al mundo.

Mi referencia a Agar como una ilustración puede parecer exagerada, pero la intención es mostrar la magnífica misericordia de Dios y su capacidad de dar victoria a la víctima. Conforme exploramos este asunto, entienda que no quiero atacar a la madre ni criticar las circunstancias que rodearon el embarazo. Es demasiado tarde para construir la pared en medio de la inundación. Esa clase de prevenciones deben tomarse antes del embarazo. Ahora debemos compartir formas positivas para amar y educar al niño, y fortalecer a la madre cuyo pecado no es peor que el de otros, y quien no es más impía que el hombre que la abandonó con el problema.

Mientras puede haber varios casos especiales donde el hombre toma la responsabilidad de criar al hijo nacido fuera del matrimonio, generalmente la responsabilidad descansa en la mujer. Tristemente, en la actualidad muchas mujeres están tomando la misma solución irresponsable de su pareja, interrumpiendo el embarazo en lugar de asumir la responsabilidad. Hay más interés en esto que en respetar una ética cristiana. A parte de las circunstancias que rodean el embarazo, Dios es el dador de la vida. Denunciar las acciones horribles del padre es una cosa, pero destruir al hijo por la debilidad del padre es otro asunto. Yo escojo creer que Dios es el Dador de la vida.

Conforme avancemos, verá cómo Dios puede hacer que una persona sea tremendamente exitosa y productiva a pesar de que sus antecedentes no eran los ideales.

¡MUY LEGÍTIMO COMO PARA ABANDONARLO!

Escribo esto con la intención de dar algún sentido de dirección y esperanza a aquellos quienes sus tempranos errores los han dejado desconcertados, con las tristes consecuencias y los retos que rodean una situación que continuamente deben explicar, ya sea en formularios de la escuela o en tarjetas médicas. Como es verdad para todo el que refleja la actitud del Señor, nosotros amamos a los pequeños niños, a todos los niños del mundo.

> *Denunciar las acciones horribles del padre es una cosa, pero destruir al hijo por la debilidad del padre es otro asunto. Yo escojo creer que Dios es el Dador de la vida.*

Trágicamente, se debe confesar que los niños están en peligro porque están teniendo que lidiar prematuramente con problemas y duras realidades, sin tener la madurez para hacerlo. Por lo tanto, vemos niños de 11 años de edad disparando y matando, y yendo a las cortes como peligrosos criminales, sin derramar una lágrima. Esto no es normal, y en algún momento le van a echar la culpa a los padres.

Debe recordar que «los depósitos» que haga en su hijo hoy, son la suma total de todo lo que usted espera recibir mañana. Si la cuenta está vacía, muchas veces es porque hemos fallado en hacer un depósito adecuado a tiempo.

Es real que algunos niños fracasan sin motivos, pero ellos son la excepción a la regla. Tome hoy mismo el compromiso de llenar a su hijo con depósitos fuertes y piadosos, los cuales construirán su propia estima, por encima y más allá del estigma de ser un hijo ilegítimo. Es difícil para mí utilizar este término, porque no tiene sentido. ¿Cómo puede un hijo ser ilegítimo? Las circunstancias pueden haber sido ilegítimas, ¡pero el hijo es bien «legítimo» como para abandonarlo!

«Por la fe Rahab la ramera no pereció juntamente con los desobedientes, habiendo recibido a los espías en paz. ¿Y qué más digo? Porque el tiempo me faltaría contando de Gedeón, de Barac, de Sansón, de Jefté, de David, así como de Samuel y de los profetas; que por fe conquistaron reinos, hicieron justicia, alcanzaron promesas, taparon bocas de leones, apagaron fuegos impetuosos, evitaron filo de espada, sacaron fuerzas de debilidad, se hicieron fuertes en batallas, pusieron en fuga ejércitos extranjeros».

—Hebreos 11:31–34

Sé bien que ahora he hecho fruncir el ceño de los fariseos, quienes encontrarán desagradable animar a alguien que ha errado en el plan del Maestro. Tengo la firme convicción que los mejores héroes han nacido de las peores faltas. Yo no perdono el pecado; ni los de ellos ni los míos. Pero he aprendido a amar a los pecadores. Después de todo, la mayoría de nosotros nos amamos a nosotros mismos, a pesar de las imperfecciones y manchas. ¿Cuándo vamos a aprender a amar a los demás con la misma gracia que nos adjudicamos?

Muchos padres solteros, que no son viudas o viudos, han vivido con un terrible estigma y vergüenza que les fueron adjudicados por moralistas, para quienes los valores fueron más importantes que las personas. Aun Dios, quien tiene la potestad de apedrear a cualquiera de nosotros, se queda extrañamente silencioso cuando vamos a linchar a alguien. ¿Querrá darnos tiempo para recordar algún momento cuando debimos haber sido condenados? Si Él, en su gracia, nos ha dado el beneficio de una segunda oportunidad, ¿podemos ser menos clementes, considerando nuestras propias desdichas?

Dios no está avergonzado de su pasado

Yo amo al Señor. Él no pierde tiempo siendo santurrón o religioso. Se sienta con los pecadores. Permitió a María de Betania que untara sus pies mientras los discípulos susurraban de Él, preguntándose sobre su espiritualidad. Se arriesgó con las personas; sé que lo hizo. Llamó a hombres fracasados y a las personas sin carácter, destrozadas. Trató bien a Rahab, la ramera, y luego la incluyó en la «Galería de los famosos de la fe». No sólo no se refirió a ella tal como mi madre lo hubiera hecho— «¡es una prostituta!»—, sino que ni siquiera la escondió por vergüenza. La mencionó junto a Sara y otras mujeres quienes, con su reputación inmaculada, no eran consideradas más puras que la gracia de Dios que purificó a Rahab.

Ella fue utilizada en la noche, pero nunca honrada en la luz. Era la dama de las noches de muchos hombres jóvenes. En ese momento ella era amante y amiga, pero en la mañana ni le hablaban en público. Fue utilizada para ser ignorada y olvidada.

Debe recordar que «los depósitos» que haga en su hijo hoy, son la suma total de todo lo que usted espera recibir mañana.

Mire al Dios quien la quiso en la noche y le hizo honor en la luz. Él la menciona como si ella fuera la Estatua de la Libertad. Creo que, de alguna forma, lo era. Ella representaba la gracia de Dios en acción. El evangelio se demuestra más claramente en los rostros de personas que han fallado que en cualquiera otra cosa. Si no hubiera sido por esa gracia soberana, ellos saben que nunca hubieran sido mencionados.

Le agradezco a Dios por no avergonzarse de una mujer pecadora. Si Él pudo vanagloriarse de la fe de Rahab delante de los hombres como Gedeón, entonces, ¿quiénes somos nosotros para condenar a aquellos que a quienes nosotros mismos ensuciamos con nuestros estándares de piedad?

Qué maravilloso otorgamiento de gracia, demostrado abundantemente. Hasta menciona la ocupación de ella; no se avergüenza. Inclusive se tomó la molestia de reconocer de dónde venía ella. Usted debe entender que la gracia es más misericordiosa cuando es otorgada sobre lo imposible o lo repugnante. Él no guarda el secreto de que ella es suya, a pesar de todo.

Como ve, Dios no está avergonzado del pasado de esta mujer. Al contrario, lo manifiesta. Somos nosotros los que generalmente sentimos que nuestro pasado es tan negativo y deprimente que lo cubrimos con culpabilidad y lo enterramos detrás de imágenes de éxito. Dios muestra su éxito resaltando directamente su habilidad de reconstruir la vida humana.

¿Por qué es significativo esto? Cuando una mujer ha cometido alguna acción inmoral que ha resultado en un embarazo fuera del matrimonio, ella puede desechar la culpabilidad y la vergüenza que son transmitidas al hijo. Es importante que cuando discutamos del arte de ser padre soltero no nos preocupemos tanto del bienestar del hijo, que fallamos al ministrar al padre.

He leído un sinnúmero de artículos que sugieren que una madre que fuma pasa la nicotina a su hijo, inclusive cuando lo amamanta. En el proceso de educación del niño y de proveerle lo que necesita, inadvertidamente lo contamina con su propio vicio. De la misma forma, un padre o una madre que está amargado o se siente culpable puede transmitir sus temores y neurotismo a sus hijos. Es por esto que amo la Palabra de Dios, porque allí Él apunta a la raíz de nuestros problemas, para que nosotros no los transmitamos a otros ni vivamos con ellos dentro nuestro.

La gracia de Dios es una gracia que está asignada para cubrir nuestro pasado. Es también una que puede encargarse del reto de un futuro incapacitado por problemas ocurridos desde muy temprano. Por lo tanto, Él menciona abiertamente a Rahab y su ocupación, sabiendo que su gracia era lo suficientemente fuerte para hacer que ella deje la promiscuidad para convertirse en una mujer de fe. ¿Quién hubiera pensado que ella sería más tarde nombrada en la ascendencia del mismo Cristo? En este mismo sentido, ¿quién sabe lo que Dios va a hacer con usted si confía en Él? Transmita pensamientos positivos a su hijo.

> *Usted debe entender que la gracia es*
> *más misericordiosa cuando es otorgada*
> *sobre lo imposible o lo repugnante.*

¡Qué maravilloso es ser reconocido por Dios! Él da su nombre a los innombrables y legitima a los ilegítimos. No se maraville de que los pecadores lo amaran. Él, quien tenía todo el derecho de arrojar piedras, no arrojó ninguna. ¿No es extraño que nosotros, que no tenemos ese derecho, nos sentimos tan tentados de juzgar?

Oro para que el mismo espíritu de gracia llegue a los corazones destrozados y anime a los corazones rotos de los padres y madres solteros, quienes por alguna razón se encuentran preocupados. Ellos no deben llevar la culpabilidad de un matrimonio fracasado o una violación de sus valores, sino que deben aprender que Dios puede perdonar, y que el Espíritu Santo puede reconstruir.

DEJE BRILLAR SU FE

Sí, ahí están ellos, desfilando por la plataforma de fe, aplaudidos por su fe a pesar de su trayectoria. Una mujer es una ramera. Su nombre, Rahab, que significa «amplia». Dios ensanchó su futuro más allá de su herencia étnica, su economía o su sociedad. Su gente era pagana y su ciudad fue destruida. Aun así, esta mujer sobrevivió. ¿Es usted un sobreviviente? Entonces dígalo, y pase esa fortaleza a sus hijos.

Es un buen patrimonio cuando un hombre o una mujer, quienes han sobrevivido a un problema, pueden transmitir esa sabiduría y la información positiva dentro del corazón de los hijos. Recuerde hacerlo durante la juventud de los niños. Si esto es transmitido desde muy temprana edad, se conoce como enseñanza y educación. Si lo hace más tarde, se le llama regaño, y no fortalece la unión con su hijo. Ellos lo van a ver como críticas.

Rahab fue una mujer de muchos recursos. Perteneciendo a la familia real de Cristo, podría haber sido vergonzoso. Esta es la clase de secreto familiar que la mayoría no revelan, pero sí el Señor. Él abiertamente revela que en alguna parte de sus ancestros había una mujer cuyo pasado, manchado y de mala reputación, fueron purificados por la sangre, simbolizada por un cordón escarlata colgado de una ventana. La única forma como podemos escapar de nuestro pasado es a través del cordón escarlata de su sangre que redime.

> «Ellos le respondieron: Nuestra vida responderá por la vuestra, si no denunciareis este asunto nuestro; y cuando Jehová nos haya dado la tierra, nosotros haremos contigo misericordia y verdad.
>
> »Entonces ella los hizo descender con una cuerda por la ventana; porque su casa estaba en el muro de la ciudad, y ella vivía en el muro. Y les dijo: Marchaos al monte, para que los que fueron tras vosotros no os encuentren; y estad escondidos allí tres días, hasta que

los que os siguen hayan vuelto; y después os iréis por vuestro camino.

»Y ellos le dijeron: Nosotros quedaremos libres de este juramento con que nos han juramentado. He aquí, cuando nosotros entremos en la tierra, tú atarás este cordón de grana a la ventana por la cual nos descolgaste, y reunirás en tu casa a tu padre y a tu madre, a tus hermanos y a toda la familia de tu padre.

»Cualquiera que saliere fuera de las puertas de tu casa, su sangre será sobre su cabeza, y nosotros sin culpa. Mas cualquiera que se estuviere en casa contigo, su sangre será sobre nuestra cabeza, si mano le tocare. Y si tú denunciares este nuestro asunto, nosotros quedaremos libres de este tu juramento con que nos has juramentado.

»Ella respondió: Sea así como habéis dicho. Luego los despidió y se fueron; y ella ató el cordón de grana a la ventana».

—Josué 2:14–21

A pesar de su pasado corrompido y de su pecado, su fe brilló como un día de sol. Esto consumió el hedor de su pasado. Ella es un testimonio para las mujeres de cualquier parte, de que Dios puede perdonar los errores más horribles por un simple acto de fe.

Esta es la clase de fe—la fe que supera las fallas y los errores—que se convierte en fortaleza para usted mientras educa a sus hijos. Esta clase de fe bombea vida al corazón de una madre destrozada, quien necesita desesperadamente ver la gloria de Dios en su vida. Esta es la única herencia que es llevada a través de la aflicción. Es poderosa y cambia vidas.

Hay que entender que, como cristianos, no podemos confiar

en nadie para que transmita la herencia de nuestra fe a nuestros hijos. Es crucial que la enseñanza religiosa venga del padre o de los padres, y luego que sea reforzada por otros. Esto no es solo cuestión de enseñarles doctrina. Es más profundo que eso. Debe enseñarles su fe. Enséñeles por qué usted tiene confianza en Dios, y de lo que Él es capaz de hacer con una vida humana. ¿Quién puede hacer esto además de usted? Es una tragedia fallar al comunicar su fe a su hijo. Es el clamor de su corazón el que asegurará a sus hijos para el futuro.

> «Por tanto, guárdate, y guarda tu alma con diligencia, para que no te olvides de las cosas que tus ojos han visto, ni se aparten de tu corazón todos los días de tu vida; antes bien, las enseñarás a tus hijos, y a los hijos de tus hijos.
>
> »El día que estuviste delante de Jehová tu Dios en Horeb, cuando Jehová me dijo: Reúneme el pueblo, para que yo les haga oír mis palabras, las cuales aprenderán, para temerme todos los días que vivieren sobre la tierra, y las enseñarán a sus hijos».
>
> —Deuteronomio 4:9–10

Es maravilloso tener tiempos de oración en la escuela, pero es mejor tenerla en la casa. Enseñe a sus hijos cómo Dios lo liberó. Padre o madre soltero, especialmente usted debe enseñarles como Dios lo (o la) ayudó y se convirtió en su compañero en la crianza de sus hijos. Es su fe la que los ayudará a crecer con una herencia. Los judíos han transmitido muy bien la enseñanza de su fe a sus hijos, no sólo los hechos de la fe, sino, en muchos casos, el corazón de la misma. Los hechos se olvidarán, pero del corazón fluyen los asuntos de la vida.

No se intimide porque no puede expresar con elocuencia las Escrituras o porque no pueda enseñarlas desde un púlpito o una pizarra. Puede ser que usted no tenga tiempo libre, pero se debe enseñar de manera informal, con el papá mientras lavan el automóvil, o mientras Mamá está preparando la comida. Es un vínculo de corazones, son las puntadas que cosen una familia fragmentada en una unidad. Su fe es el pegamento que une las aberturas y repara las cuerdas. Nadie, absolutamente nadie puede hablar de su fe como usted mismo. Sus hijos necesitan escucharlo contar quién lo sacó de la oscuridad, para que cuando ellos enfrenten sus problemas tengan más que reglas religiosas. Ellos tendrán fe y confianza en Dios.

> *Esta es la clase de fe—la fe que supera las fallas
> y los errores—que se convierte en fortaleza
> para usted mientras educa a sus hijos.*

¿Qué testimonio puede ser más maravilloso que el que sale de los labios de los padres, contando que sus cicatrices se convirtieron en estrellas cuando lograron sobrevivir al trauma? Su sabiduría perdurará para siempre. No pierda la confianza en sí mismo por errores pasados. Usted tiene una gran oportunidad de sacar lo bueno de lo malo, transmitiendo fortaleza a su hijo.

Esta es la única oportunidad en la vida. No la pierda sintiéndose culpable, con amargura, dolor o venganza. Deje que se vaya el pasado y mire hacia el mañana. Ese hijo es el mañana. Él está destinado para ser formado en la palma de su mano. Usted dejará sus huellas en el alma de su hijo. ¡Márqueselas bien!

Conforme vayamos avanzando, discutiremos los efectos de la vida en los hijos. Quiero impartir algunas percepciones y sabiduría desde una perspectiva piadosa, que lo ayudarán a dirigir su familia al siguiente nivel de vida.

Su sabiduría perdurará para siempre. No pierda la confianza en sí mismo por errores pasados. Usted tiene una gran oportunidad de sacar lo bueno de lo malo, transmitiendo fortaleza a su hijo.

Veremos que algunas de las más grandes victorias nacen de las adversidades más difíciles. Quiero que sepa que no hay límites para usted o su hijo. A pesar del mal comienzo, la salida puede ser gloriosa.

Muchos padres que tienen niños mayores que no están creciendo de la manera como ellos esperaban, se culpan a sí mismos. En algunas casos tienen razón; hay cosas que debieron haber sido hechas diferente. Sin embargo, todo lo que usted puede hacer es reconocer sus errores y luego eliminarlos. Nadie puede cambiar el pasado. Pero Dios puede cambiar los efectos del pasado y salvar un final trágico. Es un Dios que hace milagros. Él hizo un milagro para usted, y ahora hará uno para su hijo.

PREGUNTAS DE DISCUSIÓN

1. El autor señala: "Yo amo al Señor. Él se toma riesgos con la gente". A continuación se mencionan dos mujeres en la Biblia que fueron "riesgos" debido a sus pasados o circunstancias. Lea los versículos de las Escrituras y mencione el riesgo y el beneficio—su contribución positiva a la obra de Dios— y la buena disposición de Dios para usar a estas mujeres.

   Rahab (Jos. 2; 6:17-25)

   El riesgo:

   _____

   El beneficio:

   _____

   María Magdalena (Mar. 16:9-10; Juan 20:11-18)

   El riesgo:

   _____

   El beneficio:

   _____

2. Este capítulo nos enseña que como cristianos no podemos confiar en nadie para que continúe la herencia de nuestra fe en nuestros hijos. Es nuestra responsabilidad enseñar a nuestros hijos a desarrollar su fe y confiar en Dios. En el mundo ocupado en que vivimos, esta enseñanza debe ser planeada si desea tenerla consistentemente. Usando la agenda que

sigue, planifique un devocional familiar diario de 15 a 20 minutos. Decida el tema para presentar cada día, qué porción de las Escrituras usará y escriba una oración para concluir. Luego comprométase a seguir su plan o a encontrar o desarrollar uno que pueda compartir regularmente con su familia.

DÍA	TEMA (DESARROLLE SUS IDEAS	PORCIÓN BÍBLICA	ORACIÓN
Domingo			
Lunes			
Martes			
Miércoles			
Jueves			
Viernes			
Sábado			

ACTIVIDADES PARA ORDENAR SU DESTINO
—¿SE AGRADA A SÍ MISMO?—

Materiales: Cartulina, marcadores.

Provea a cada miembro de su familia con una cartulina grande.

Pida a cada uno que dibuje su propio retrato en el centro de la cartulina. Anímelos a que traten de dibujarse lo más parecido posible. Luego pídales que escriban la siguiente frase en el lado izquierdo de su retrato, dejando espacio suficiente para escribir debajo de la frase, "Me gusta como soy porque…".

Pídales que escriban la siguiente frase en el lado derecho de sus retratos, "No me gusta esto de mí…".

Dé tiempo a cada uno para que escriba tres o cuatro cosas en cada lado de sus retratos. Cuando todos hayan terminado, permita que cada miembro de su familia comparta lo que han escrito en ambas listas. Luego pida a cada uno que comparta lo que él o ella considere más importante de todo lo que escribió sobre sí mismo en la cartulina.

Concluya con una oración en grupo, dando gracias a Dios por cada persona y por las cualidades únicas con que cada uno fue creado. Ore por las cosas que cada uno de ellos escribió que no le agradaban de ellos mismos, pidiéndole a Dios que le muestre a cada uno lo que sea posible cambiar y a aceptarse a sí mismos cuando algo no se puede cambiar. ¡Asegúrese de finalizar dándole gracias a Dios porque Él nos ama simplemente de la manera que somos!

Oración
—Diario de una oración familiar—

Padre, te damos gracias porque tú nos hiciste a cada uno de nosotros de la manera que tú querías que fuéramos. "Porque tú formaste mis entrañas; tú me hiciste en el vientre de mi madre. Te alabaré porque formidables, maravillosas son tus obras; estoy maravillado. Y en tu libro estaban escritas todas aquellas cosas que fueron luego formadas" (Sal. 139:12-14, 16).

Padre, nos alienta saber que tú has planeado cada día de nuestras vidas. Tú sabes cada situación buena y mala que nos ha sucedido o que nos sucederá. Y lo maravilloso de todo es que tú has determinado que cada situación de esas, buena o mala, sean las situaciones que nos ayudan a ser las personas que tú has querido que seamos.

Ayúdanos a seguir cuidadosamente el plan que tú tienes para nuestras vidas. Despiértanos en las mañanas con una fresca revelación de lo que tú quieres que hagamos y seamos en ese día. Cuando nos acostemos en la noche, llena nuestros sueños con visiones y revelaciones del destino especial que tienes para nosotros.

Ayúdanos a recordar tus palabras, "No temas, porque yo te redimí; te puse nombre, mío eres tú. Cuando pases por las aguas, yo estaré contigo; y si por los ríos, no te anegarán. Cuando pases por el fuego, no te quemarás, ni la llama arderá en ti. Porque yo Jehová soy tu Dios" (Is. 43:1–3). En el nombre de Jesús, amén.

CAPÍTULO 5

LOS PECADOS DEL PADRE

Muchos sicólogos han discutido por años entre la teoría de que nuestro comportamiento es determinado por nuestros genes y la que afirma que el medio ambiente es el factor principal que contribuye al comportamiento. Si usted cree en la teoría de los genes, verá que los genes del hijo de una prostituta están llenos de la desenfrenada promiscuidad de una mujer despreciable, quien en su estilo de vida salvaje ha engendrado un hijo. Su padre fue un extraño que se acercó a ella por un rato de frivolidad, una noche antes de irse a casa. Ese hijo es un «sin nombre», destrozado, un hijo fragmentado a quien sus padres dementes sólo podían transmitirle lo que ellos mismos fueron.

Sin embargo, si cree en la teoría de la influencia del medio ambiente, diría que los genes de sus padres no tienen nada que ver con su comportamiento: es el medio ambiente quien lo hizo. ¿Puede usted imaginarse ser el hijo de una prostituta? Los crujidos de la camas se convirtieron en la canción de cuna que lo arrullaba para dormir. Las palabrotas, los insultos, el estupor de la embriaguez de los clientes eran su alarma en la mañana. Él podía escuchar las conversaciones guturales de su madre y sus amigos continuamente. Su medio ambiente fue un pozo de degradación y desesperación. Él había sido criado en medio de la corrupción y perversión. Vio más en su niñez que lo que la mayoría hubiera visto en sus sueños de adulto. Fue condenado por su ambiente y maldito por su entorno.

Explicado en palabras sencillas, ya sea usted un seguidor de la teoría de los genes o de la del medio ambiente, el pronóstico no es nada prometedor.

Un hombre joven llamado Jefté estaba destruido por su ascendencia y golpeado por su medio ambiente. Encontramos su historia en el Antiguo Testamento, en el libro de Jueces. Jefté fue el hijo de una prostituta. A pesar de su perspectiva, él fue el saldo triste de vidas destruidas. Hubiera podido estar destruido, fragmentado, padecer un trastorno mental sicótico, lleno de confusión y desesperanza, si lo juzga con cualquiera de esas teorías.

Debido a que nosotros no somos sicólogos que nos orientamos por la teoría de los genes ni por la del medio ambiente, sino más bien teólogos, creemos en el poder de Dios. Es este poder el que destruye el plan del enemigo y reconstruye los planes que se han ido por mal camino, para su propio propósito divino. ¡Qué maravilloso Dios tenemos, que es capaz de curar las cicatrices y los golpes! Él lo hace sin vergüenza; se para delante del enemigo, quien trató de destruirlo, y le dice: «Mira lo que mi gracia hizo con tu ataque».

Escúcheme si usted está leyendo esto y ha estado en alguna situación un poco lejos de lo ideal. Puede ser que no sea el hijo de una prostituta. Puede ser que la pesadilla de su niñez sea por alguna otra situación que no he mencionado. Aun así, la respuesta es la misma: la gracia de Dios es suficiente para usted.

PREPARE A SUS HIJOS

Es muy doloroso para los niños afrontar la extrema presión de ir al colegio y ser intimidados porque ellos no tienen una familia ideal. Cuando los otros niños traen sus juguetes para mostrarlos en la clase, y contar lo que sus papás les trajeron para Navidad, estos niños se paran tímidamente en una esquina, sin tener nada para presentar y sin padre ni madre de quién hablar. Muchos van a mentir. Sí, yo sé que está mal, pero, necesariamente, es la madre de su imaginación. Ellos crearán una familia imaginaria y hablarán de muchos personajes inventados que reflejarán la vida que ellos quisieran tener.

Ninguna imaginación puede borrar la horrible realidad de un niño abusado, negado o abandonado. Es traumático para un niño caminar y escuchar a los otros comentando sobre su casa. Algunos le dirán que no viene de un hogar de dos padres. Otros inclusive pueden decirle que es un niño nacido fuera del matrimonio. Los niños pueden ser muy crueles con sus congéneres.

> *Tenga coraje. Nadie puede cambiar lo que fue, pero usted puede cambiar hacia adónde van.*

Creo que es esencial que usted prepare a sus hijos para los ataques. No les permita que escuchen de extraños cosas insensibles acerca de sus antecedentes. Es muy humillante escuchar de un enemigo algo que debería haber escuchado de alguien que supiera cómo decírselo. A pesar de que usted no puede controlar lo que las personas van a decir, puede preparar a su hijo para que esté protegido, y para sobrellevar la humillación con respuestas que son una reflexión de buena educación y enseñanza.

Algunos de ustedes ya saben lo que es venir de una infancia destrozada, afectada por la conducta de sus padres, quienes con sus problemas los destrozaron en pedazos y los dejaron tirados en la sangre de la decepción. Y ahora, la historia se repite en su vida de adulto, cuando usted está educando a sus hijos dentro de circunstancias difíciles. Pero si Dios pudo usar el hijo de una prostituta, sé que Él puede bendecir el fruto de su cuerpo. Tenga coraje. Nadie puede cambiar lo que fue, pero usted puede cambiar hacia adónde van.

Este es el evangelio que predica las buenas nuevas y cicatriza a los destrozados. Es un mensaje que afirma el hecho de que ni sus genes ni su medio ambiente tienen por qué prevalecer ante sus deseos de superarse y convertirse en lo que quiera ser. Usted es en parte el maestro de su propio destino. Usted dirige la pelea.

Su vida es el resultado de las decisiones positivas o negativas. Es sabio permitir que el Espíritu Santo influya sobre usted para que pueda salir del medio ambiente, y no sea prisionero de los efectos de lo que algunos dicen que son sus genes. Usted es lo que la Palabra dice que usted es. Si Dios dice que está sanado, entonces está sanado.

LOS CAMBIOS NO OCURREN DE LA NOCHE A LA MAÑANA

Jefté, un general de la fe, mencionado en Hebreos 11, tal vez fue lleno del Espíritu Santo tan solamente para informarnos de que nuestros horribles comienzos pueden ser cambiados por la justicia de un Dios poderoso y transformador. Quizás

Él sabía que habría quienes sentirían que su formación los convertía en inelegibles para seguir su destino.

Algunos padres tienen hijos en el pecado; luego, en medio de la vida de sus hijos, sorpresivamente son salvados. He ministrado muchos padres quienes miran hacia atrás y ven algunas cosas que hicieron en frente de sus hijos y se sienten culpables. Se preguntan: *¿Será posible ver a mi hijo que supere sus comienzos y se convierta en una persona productiva, cuando algunos de sus hábitos son culpa mía?* Bien, déjeme compartir esto con usted: Idealmente, recomiendo educar a los hijos en una atmósfera piadosa durante su vida. Sin embargo, muchos de nosotros no podemos dirigir a los hijos en algo que no hemos hecho para nosotros mismos.

Los padres que sorpresivamente son salvados pueden tener algunos problemas con sus hijos. ¿Por qué? Porque muchas veces el hijo está confundido e irritado por su nueva salvación. La seguridad de la normalidad ha sido interrumpida. De pronto, todo lo que parecía correcto se ha convertido en malo. Ayer usted estaba bebiendo, fumando y dirigiendo fiestas. Ahora está leyendo su Biblia, orando y esperando que ellos hagan lo mismo. A menudo estos casos son los que dejan al hijo lleno de resentimientos y críticas, porque usted cambió en medio del camino. Ahora espera que todo cambie en la casa. Esto no siempre se logra fácilmente.

Muchos padres hacen esto. Están desesperados porque quieren un hogar religioso. Cuando tratan de poner estos principios, el enemigo sugiere que ya es demasiado tarde. El hijo está molesto y el padre exige, y la frustración abunda en el ambiente. Escuche, no se decepcione; esto es una cosa de oración y requiere algo de delicadeza. Usted no necesita un carnicero en una mesa de operaciones sino un cirujano. Ambos cortan, pero uno de ellos tiene una gran sensibilidad. Esto requerirá la precisión de un cirujano.

Lo primero es ser justo. Admita que usted no ha sido siempre quien es ahora. Dele al niño la oportunidad de entender cómo y por qué cambió. No lo fuerce a cambiar sorpresivamente. Esto no pasó con usted y tampoco pasará necesariamente con ellos. Apenas el año pasado, usted estaba orientando a su hijo en una dirección. Luego, después de un servicio en la noche del domingo, llega a casa completamente diferente. Su hijo no puede cambiar durante la noche, sin embargo, aunque la visión tarde en llegar; espérela. Al final ella hablará y no mentirá.

Nosotros encontramos al Señor a la mitad de nuestras vidas. Algunos modelos ya estaban funcionando. Es difícil cambiar direcciones a la mitad del camino, particularmente para los hijos que han sido moldeados en un camino que ahora, debido a su nueva salvación, los padres están ansiosos de cambiar. Está bien que quieran cambiar, pero debe entender que el cambio no siempre es fácil para aquellos que no han visto su error o que han sido convencidos.

Muchas veces nosotros hemos encontrado a Cristo al final de alguna crisis o trauma en el hogar. Para el niño la religión es como una forma de calmar el dolor. Lo ven así porque muchas veces no han sido preparados en las cosas espirituales, y esto es un choque para ellos. El hogar está destruido, el matrimonio está disuelto, el hijo está confundido, ¡y justo en medio de esta situación, Mami o Papi, sorpresivamente, se metieron en esa «cosa de Jesús»!

Muchos niños nacidos fuera del matrimonio han visto al padre o a la madre tener citas con otra pareja. Algunos se han enterado secretamente de alguna información íntima, o lo han observado pasar de relación en relación. Ellos están aprendiendo de lo que ellos ven, más allá de lo que usted dice. Ahora sorpresivamente una mujer o un hombre interrumpen a gritos un proceso.

Sin embargo, el niño sabe que «la hermana Mami», como la llama todo el mundo en la iglesia, no siempre ha sido «Hermana». Él sabe que «el hermano Papi» solía tener un gabinete lleno de licor y un refrigerador lleno de cerveza. Ahora todo se ha convertido en puritano, y el niño está confundido. Este es un motivo de oración. Sólo Dios puede ayudar a sanar los errores que cometimos por el pecado.

Dios es asombroso. A menudo levanta al niño desaventajado más alto que aquellos que tienen cualquier ventaja.

Para todos los padres que sienten que han hecho cosas tan malas, y que nunca van a ser capaces de borrar el pasado y las cicatrices de la mente de sus hijos, está el ejemplo de Jefté. Él es importante porque en Hebreos 11:31 la Biblia menciona a Rahab, la prostituta del Antiguo Testamento, quien finalmente pudo reconstruir su vida. El siguiente versículo menciona a Jefté.

Este hombre fue el hijo de una prostituta. A pesar de su terrible comienzo, Dios lo cambió y lo uso poderosamente. La próxima vez que el enemigo use su pasado para intimidarlo sobre la liberación de su hijo, recuérdele a Jefté.

Dios es asombroso. A menudo levanta al niño desaventajado más alto que aquellos que tienen cualquier ventaja.

Recuerde que la fuerza de Él se perfecciona en la debilidad. La Biblia enseña que Jefté fue un guerrero valiente, pero era el hijo de una prostituta. En otras palabras, a pesar de la desventaja de su pasado, el Señor estaba con él.

¿Usted sabe que Dios puede tomar lo que está en contra suyo y usarlo para su gloria? Este muchacho era un paria, ridiculizado en su comunidad por algo que ocurrió entre sus padres. Esto no tenía nada que ver con él. Aun así Dios lo bendijo. Si Dios pudo bendecir a este muchacho que en su niñez fue maltratado por la irresponsabilidad de sus padres, entonces seguramente Él bendecirá a su hijo. Hay un guerrero espiritual en cada niño, y nada sobre su pasado o el de él puede detener a la Palabra de Dios de hacer que esto suceda.

> «Jefté galaadita era esforzado y valeroso; era hijo de una mujer ramera, y el padre de Jefté era Galaad. Pero la mujer de Galaad le dio hijos, los cuales, cuando crecieron, echaron fuera a Jefté, diciéndole: No heredarás en la casa de nuestro padre, porque eres hijo de otra mujer».
>
> —Jueces 11:1–2

Entienda que, conforme nos aproximamos a este asunto, no estoy queriendo comparar los niños nacidos fuera del matrimonio como nacidos de una prostituta. Esta no es mi intención. Solamente utilizo la historia para ilustrar el hecho de que la gracia puede cubrir aun los hechos más vergonzosos. Sé que muchas muchachas buenas y decentes son víctimas de los engaños del enemigo y tienen hijos fuera del matrimonio. Por este motivo, muchas muchachas buenas y decentes han sido arrojadas a las calles por la prostitución como resultado de su amargura, de las drogas y de otras enfermedades de nuestra sociedad. Cualquiera sea el caso, la gracia de Dios es suficiente.

Denegar una herencia legítima

Ahora, mientras exploramos estos delicados asuntos, ya sabemos muy bien que el resultado de la vida del niño no está basado por las circunstancias de la madre o del padre. Jefté era el hijo ilegítimo, no reconocido, de un hombre llamado Galaad. Era ridiculizado, despreciado y negado por sus medio hermanos. Tuvo un deplorable comienzo, pero Dios intervino y cambió las tragedias de Jefté en oportunidades.

Él fue como muchos niños en este país, quienes nacen fuera del apasionado mundo selecto, donde la pasión es más grande que su compasión. Es trágico cuando una madre o un padre no muestra interés en cuidar lo que crearon. Hacer que el niño sufra por los errores de su padre es una tragedia y una injusticia.

A Jefté le negaron su derecho a la herencia. Muchos de ustedes deben haber pasado por circunstancias en que no fueron tratados justamente en asuntos financieros. A usted lo han dejado criando a un hijo sin ayuda financiera del padre o de la madre. Sé que las leyes están cambiando, pero así como las cortes persiguen a los padres desaparecidos para que cumplan con la ayuda para su hijo, ellos deben darse cuenta que la ayuda significa más que dinero. Tener dos padres provee muchas cosas además de las finanzas.

Recientemente, nuestro agente de seguros aumentó los beneficios del seguro de vida en la póliza de mi esposa. Esto no lo hizo porque ella es la sostenedora primaria de la familia, sino porque nos otorga a los niños y a mí cosas que serían difíciles—si no imposible—de reemplazar. Estas cosas no son sólo monetarias, están en otros campos. Su razonamiento para el incremento de la póliza fue simple: si yo tuviera que contratar a alguien para proveer lo que ella brinda a la familia, sería muy costoso y, en cierto grado, imposible.

Mi punto es que ella contribuye mucho más que con dinero. Yo también. Los dos contribuimos con nuestra perspectiva particular. Ninguno de nosotros es totalmente correcto. Es a través de la mezcla de nuestras perspectivas que los niños reciben la totalidad.

En mi libro *El Padre ama a sus hijas* menciono que la mujer tiende a favorecer a sus hijos y a preparar a sus hijas. Ella hace esto porque está enamorada de los niños. No tiene que prepararlos para ser hombres porque no tiene perspectiva de lo que es ser un hombre. Ella a veces me parece demasiado indulgente con ellos. ¿Por qué siento esto? Porque yo tengo la tendencia de querer prepararlos para lo que es ser un hombre en el mundo de hoy.

Por otra parte, mis hijas, a quienes mi esposa tiene la tendencia de querer adiestrarlas y prepararlas para ser mujeres, van a darme las quejas a mí. Yo los amo a todos, pero yo adiestro a los niños y favorezco a las niñas. Mi esposa adiestra a las niñas y favorece a los niños. Al tener la presencia de los dos padres, los niños consiguen un balance entre ser entrenados y ser favorecidos.

Cuando usted está educando una familia solo, debe balancear sus perspectivas, dando algunas veces entrenamiento y otras favoreciendo. Esto no es fácil. Pero es más fácil cuando usted comprende que las dos son necesarias. Comparto estas cosas con usted para que pueda entender algunas de las diferencias en nuestra contribución a los hijos. Cuando usted las comprenda, sabrá mejor cómo orar y cómo llenar los vacíos.

Su hijo puede tener éxito aun con uno solo de sus padres. Ninguno de nosotros viene de situaciones completamente ideales, hayamos tenido dos padres o uno. La vida tiende a asegurarnos que todos nosotros tenemos expuestas algunas áreas dañadas. Pero Dios es capaz de remendar las roturas y coser la brecha que la vida ha dejado al descubierto. Continuemos mirando a Jefté y cómo Dios suplió la parte que le faltaba para triunfar.

A Jefté le fue negada la comunión de su familia. Le negaron el sentimiento de pertenencia, la camaradería de sus hermanastros y la dignidad del nombre de una familia. Era identificado por el error cometido por sus padres, del cual él no era responsable.

Tristemente, cierto grado de nuestra lucha comienza antes de nosotros, en la situación y el medio ambiente en el cual hemos nacido. Algunos problemas nos están esperando cuando salimos del vientre de nuestra madre; son esos obstáculos que debemos superar si vamos a ser efectivos.

El bebé, llorando, mientras se retuerce en las manos del doctor, grita asustado cuando lo sacan del lugar tibio de provisión en el vientre y entra a la violenta luz de un mundo que espera. Algunas cosas ya estaban ubicadas antes de que el niño tuviera la oportunidad de actuar. Como es lógico, él grita con la primera aspiración de aire. Es como si supiera qué es lo que va a enfrentar.

Algunos enfrentan la pobreza y otros la discriminación. Estos problemas ya existen cuando nacen. La vida no espera para formar una opinión de cada individuo; la pobreza y algunos prejuicios son prenatales. Algunos de estos preciosos niños nacen gritando por los brazos de un padre que nunca los cargará. Nunca verán a un padre que se está volviendo canoso sentarse en las bancas de un campo de fútbol, y sonreír tiernamente cuando su hijo aparece en el campo.

Algunos nunca conocerán a su madre. Otros encontrarán el tibio cuerpo de ella volviéndose frío, mientras son sacados a tiempo. Pueden escuchar los sonidos del cardiólogo, luchando para salvar a una madre que ellos nunca conocerán. Peor aún, algunos nacen de madres cuya adicción es tan fuerte que venden a su hijo por un poco de droga, la cual sólo dura unos pocos segundos, perdiendo de esa forma una vida de amor y afecto.

CONSTRUIR HIJOS FUERTES DE HOGARES DESTROZADOS

He visto hombres que no pueden comprar materiales buenos para remodelar sus casas. Deben comprar de segunda mano, o de calidad inferior. Algunas veces serán materiales defectuosos. Estos cuestan sustancialmente menos porque su rendimiento es menor, y requieren más trabajo para usarlos efectivamente. Pero debemos reconocer que no se venderían si no tuvieran demanda. El consumidor que es consciente del precio prefiere trabajar fuerte, ahorrando lo que otros gastarían.

Es muy raro encontrarse con un hombre que haya aprovechado este tipo de material, trabajando arduamente para quitar y solucionar todas las fallas, tratando que estas no arruinen el resultado final, y que no le haya dicho: «Pagué menos e hice más con esto». Es como si tuviera orgullo de haber vencido la desventaja, echando mano a la habilidad y la paciencia. Es la misma clase de orgullo que muestra el padre soltero cuando él o ella educa a su hijo, y dice: «Eduqué a este muchacho yo sola».

La mayoría de los padres solteros sonreirán complacidos, especialmente si el hijo crece bien adaptado. Estarán orgullosos del triunfo que viene de superar la adversidad. Sí, usted puede tener un hogar destrozado, y aun así producir un hijo recto, inteligente y que progresa. Se requerirá un esfuerzo especial y una atención extra en áreas con problemas, pero cuando todo termine, usted estará orgulloso y dirá: «Lo hice solo; lo hice sola». Solamente recuerde que Dios estaba ayudando detrás de la escena. Él ayudó a otros a superar las desventajas, y lo ayudará a usted también.

Siempre recuerde a Jefté, quien probablemente tenía mucho menos ventajas que el hijo que usted tiene, pero mire lo que Dios pudo hacer con un hogar destrozado, con una madre desanimada, y un padre que no cumplía su función. Esas variables no suenan alentadoras, pero cuando Dios está en ellas, se convertirán en éxito. ¡A pesar de todas las desventajas, nosotros aun podemos finalizar con un hijo íntegro!

Mi amigo Jefté se convierte en un brillante faro de luz que en la oscuridad revela todas las desventajas de la niñez. Su vida es un sermón escrito con la tinta de las lágrimas. Es una herencia para todos los que piensan que tienen tantas desventajas que no pueden tener éxito. Él fue el hijo de una prostituta, una ramera, de una puerca. Fue el hermano rechazado de una familia que no mostraba interés por él. Manchado desde su nacimiento por los errores de sus padres. Visto como una broma y una vergüenza. La gente hablaba de él en secreto; se callaban cuando pasaba. Todos sabían que era el resultado de un momento de pasión. Era la consecuencia de una transacción de negocios, hecha entre una puerca y un cliente. Aun así, fue un hombre de fe y del poder de Dios.

Sólo un padre protector, quien por naturaleza desea solamente lo bueno para sus hijos, sabe el dolor que siente el corazón de un niño que no es aceptado por la comunidad, el colegio o aun la iglesia. Es un dolor profundo y una herida sangrante que puede causar inmensurable malestar para el padre, quien una y otra vez no explica el «porqué» al hijo. Internamente, el padre también se pregunta por qué.

> *El puede usar a su hijo. Tenga coraje y será bendecido. Dios tiene un plan para su hijo.*

Es por esto que mi amigo Jefté es tan importante para esta discusión: es un vencedor. Es un hombre de guerra. Tal vez aprendió cómo ser fuerte caminando de niño por las calles. Puede ser que haya aprendido su fortaleza en el autobús de la escuela. Dondequiera que haya sido, él se convirtió en la imagen de la fortaleza y la tenacidad. Manejó su fortaleza contra la vida como si fuera un enemigo. Cuando terminó, lo hizo desde lo oprimido hasta la más alta estima. Su bandera está flameando en su corazón. Él sabe que es el hijo de un gran Padre. ¡Es el hijo del Rey!

Comprenda que, a pesar de lo que hubiera podido ser un terreno para un gran fracasado, él salió adelante por el poder de Dios. Se convirtió en un gran guerrero y un líder. Algunas veces, los mejores líderes están hechos de comienzo pobres y adversidades. Dios los toma a través de un campo nada convencional, para que ellos tengan tenacidad y poder.

Si usted está educando niños que han sido rechazados y alienados por la familia a la que pertenecen, tome coraje. Proteja a esos niños. Ámelos y motívelos. Pero, por favor, no piense que la falta de aprobación de la familia significa que estos niños no tienen la aprobación de Dios, aun cuando hayan nacido fuera del matrimonio o de la gracia de su familia. Ellos pueden ser negados por los hombres sólo para encontrar de que son aceptados por Dios.

De hecho, Dios tiene el hábito de usar a los hijos que son rechazados. Usó à José, quien fue arrojado dentro de un hoyo por sus hermanos, y su padre creía que estaba muerto. Usó a David, quien fue abandonado en el campo, separado de sus hermanos e ignorado por su padre. Utilizó a Cristo, quien fue descrito como la piedra que los constructores rechazaron, convirtiéndose luego en la Piedra Angular.

El puede usar a su hijo. Tenga coraje y será bendecido. Dios tiene un plan para su hijo.

EVITE LAS AMARGURAS

Usted se pregunta: «¿Qué puedo hacer para intensificar el bienestar de los niños?» Bien; usted puede empezar por no prestar interés a quien no acepte a los niños y rodearse de aquellos que sí lo hacen. Puede compensar el rechazo de los otros con su amor. Evite ser negativo acerca de las actitudes de otros que hubieran podido ayudar. No permita que la amargura salga al momento de hablar.

La amargura es el lenguaje de las personas que han decidido que no pueden vencer. No hay lugar en su corazón para amargura, porque usted está educando a un Jefté. Él está destinado a surgir. Usted debe ser fuerte y tener coraje.

Si no lo hace, sus niños se sentirán también sin esperanza y con amargura. O peor aún, se preguntarán si hay algo malo en ellos.

Es muy fácil amargarse, pero usted debe proteger a sus hijos de su amargura. Deshágase de ella. Arrodíllese, ore y pida al Padre que la ayude, que lo ayude. Ella debe irse. Es como el cáncer; se carcomerá su futuro. Puede ver cómo las personas que están amargadas siempre hablan acerca del pasado. Ellas terminan hablando de él como si fuera más real que el presente. Este ladrón les está robando a los ciegos. Está abriendo sus corazones con amargura y robándoles su creatividad y su canción.

No hay lugar en su corazón para amargura. Usted debe ser fuerte y tener coraje. Si no lo hace, sus niños se sentirán también sin esperanza y con amargura. O peor aún, se preguntarán si hay algo malo en ellos.

No permita que esto le suceda. Ahora les hablo de la paz; paz en el nombre del Señor. Que la amargura debe parar. Eso fue antes, pero ahora es hoy. Usted debe tener un ahora; para usted y sus hijos, debe tener una vida presente. ¿Qué va a hacer con el presente?

Estas son las preguntas que acechan en las mentes de las personas que son tenaces para salir de las cenizas y moverse. La amargura es como correr con mucho peso encima. Puede hacerlo, pero no irá muy lejos, y, por supuesto, no avanzará rápido. Quiero que permita al Espíritu Santo eliminar el dolor que está sobre usted para destruirlo totalmente.

PREGUNTAS DE DISCUSIÓN

1. Los niños de padres solteros, a veces se enfrentan a rechazo. Ese rechazo puede venir de parte de amigos, compañeros de escuela, compañeros de juegos de su vecindario, extraños y aún, de su propia familia. El autor señala: "Es esencial que prepare a sus hijos para estos ataques. Prepare sus hijos de manera que estén avisados de antemano y puedan sobreponerse a la humillación con respuestas que sean producto de una buena enseñanza y preparación".

   ¿Cuáles son las cosas que usted no desearía que sus niños escucharan de otras personas sobre ellos mismos?

   _____

   _____

   _____

   _____

2. En las siguientes líneas escriba la respuesta que le gustaría que su hijo supiera sobre cada una de las cosas de la lista anterior.

   _____

   _____

   _____

   _____

3. Puede ser que usted se convirtiera al Señor luego que sus hijos nacieran. En este capítulo aprendemos que los padres que, de momento, nacen de nuevo pueden enfrentar

dificultades con sus hijos. ¿Qué patrones de conducta negativa está enfrentando con sus hijos?

_____

_____

_____

_____

¿Por cuáles patrones positivos de conducta y actitudes está orando para que sustituyan los patrones negativos que mencionó en la pregunta anterior?

_____

_____

_____

_____

4. El autor enseña que usted puede comenzar a realzar el bienestar de sus hijos al no permitir que se rodeen por personas que no los acepten, pero sí por aquellos que lo hacen. En las siguientes líneas, escriba los nombres de tres personas que usted cree podrían ser excelentes modelos para sus hijos. Al lado de cada nombre, escriba las características que cree que esa persona podría ayudar a desarrollar en sus hijos.

_____

_____

_____

ACTIVIDADES PARA ORDENAR SU DESTINO
—MI NUEVA CANCIÓN—

Materiales: Papel, lápices, cartulinas, pega.

Provea a cada miembro de su familia con papel y lápiz o bolígrafo. Explique que cada uno deberá escribir una canción con la melodía de "Cristo me ama" que hable acerca de ellos y sus vidas durante los pasados meses.

Anime a su familia a pensar en aquellas cosas que han aprendido como resultado de las experiencias que han vivido. Indúzcalos a escribir palabras que describan sus sentimientos, no tan sólo los eventos que han vivido.

Cuando cada uno haya terminado con la canción, pídales que compartan sus canciones con cada uno. Tome tiempo para hablar sobre cada canción. Luego anime a todos a trabajar juntos para escribir una canción de familia, describiendo las características y cualidades de su unidad familiar.

Reparta marcos de cartulina a cada miembro de su familia para que cada canción pueda ser enmarcada y exhibida en la pared. Repita esta actividad de escribir canciones periódicamente y escriba acerca de las nuevas circunstancias y nuevos sentimientos que vienen a su familia.

Oración

Padre, ayúdame a que yo pueda ayudar a mis hijos a realizar cuán importantes son ellos para ti y para mí. Ayúdame a guiarlos en el conocimiento de todos sus dones y talentos especiales con los que ellos han nacido, para que puedan usarlos mientras cumplen tu propósito en sus vidas.

Ayúdanos a no mirar las circunstancias y hechos negativos de nuestras vidas hoy. De este día en adelante, ayúdanos a enfocarnos en los factores positivos que tú nos has enseñado que no permiten ser victoriosos.

Ayúdanos a recordar que somos "aceptos en el Amado" (Ef. 1:6). "Los hijos de Sion se gocen en su Rey. Porque Jehová tiene contentamiento en su pueblo; hermoseará a los humildes con la salvación" (Sal. 149:2, 4). Que nunca olvidemos que hemos sido "amados con amor eterno" (Jer. 31:3).

Que mis hijos nunca olviden que tú los has hecho "cabeza y no cola"; ellos "estarán encima solamente y no estarán por debajo" (Deut. 28:13).

Te alabamos, Señor, por todo lo que tú ya has hecho y estarás haciendo en nuestras vidas. "Gracias sean dadas a Dios, que nos da la victoria por medio de nuestro Señor Jesucristo" (1 Cor. 15:57). Amén.

CAPÍTULO 6

LA IMAGEN EN EL ESPEJO

L a mayoría de nosotros nunca saldrá de su casa sin por lo menos mirarse un momento en el espejo. Hacemos esto para ver nuestra imagen allí y estar seguros que lucimos lo mejor posible. Queremos inspeccionar y hasta escudriñar lo que los otros verán durante el día. Si la imagen no es buena, no tenemos la misma confianza que quisiéramos.

De la misma forma, sus hijos recibirán una autoimagen saludable y tendrán el coraje de enfrentar a los de la calle a través del espejo de sus enseñanzas. Enséñeles que una autoimagen saludable no contribuye con las opiniones de los demás. Cuando permitimos que las opiniones de los otros determinen nuestra autoimagen, les estamos dando demasiado poder.

Si no poseemos la imagen correcta, nuestros hijos irán a la calle buscando una afirmación o aceptación. Algunos niños tienden a ser más inseguros y vulnerables que otros. Usted sola o solo no puede crear la imagen de sus hijos, pero puede asegurarse de tener el cuidado adecuado para fortalecer la autoimagen de ellos.

Puedo escucharlo diciendo: «Sea específico». Así que ahí voy. Para mí, crear una autoimagen no significa mentirme acerca de la verdad. Dígame cuando hago algo mal; esto es importante, de otra forma sólo escucharé sus palabras como una adulación barata. Pero también esté seguro de resaltar con fervor lo que hago bien. Sea positivo y motivador. ¿Cuáles son algunas de mis mejores aptitudes? Señale los mejores atributos de mi personalidad.

Por favor, no condene al niño por no ser excelente en las mismas áreas en las cuales usted sobresale. Permítale desarrollar sus propios atributos. Su trabajo es realzar lo que Dios ha implantado en ellos.

ENSÉÑELES EL VALOR DE SUS PROPIAS OPINIONES

La presión de sus compañeros no existirá si enseña a los niños a tener sus propias opiniones. Es importante que los estimule a que les guste lo que prefieren, porque a ellos les gusta. La habilidad de otros de tener demasiada influencia sobre sus hijos es peligrosa. Nunca es malo diferir de opinión.

Esto puede lograrse preguntándoles qué prefieren. Ocasionalmente, es bueno solicitarles su opinión. Si usted no lo hace, puede ser que ellos nunca tengan una opinión. «Juan, ¿de qué color te gustaría pintar tu cuarto?» provoca en él un proceso saludable y lo hace pensar. Si está asustado del color que Juan va a elegir, dele a escoger entre un color café y uno azul, ¡especialmente si piensa que él va a escoger un naranja sicodélico!

Tiene que guiar este proceso de dar opinión, y lo debe desarrollar. Si usted decide todo, ellos nunca aprenderán cómo pensar por ellos mismos.

El arte de diferir

Enseñe a sus hijos el arte de discrepar con otros, sin llegar a ser desagradable.

Muchas relaciones, matrimonios y empleos se destruyen porque los adultos nunca aprendieron a discrepar sin gritar ni pelear. Tienen rabietas que no fueron manejadas en la niñez, y son los que vuelan edificios y destrozan a tiros las oficinas, son niños grandes que no encontraron su camino. Ellos nunca aprendieron cómo diferir agradablemente. Se enojan cuando comienzan a ser controlados y dominados.

Además, la mayoría de la gente con crisis nerviosas, podrían evitarlas hablando cuando discrepan en algo. La persona de silencio pasivo tiene una opinión. Sólo que está enterrada entre las montañas de la cortesía y los modales. Como un volcán en erupción, la presión continúa subiendo hacia la superficie hasta que se rebalsa, entonces la lava caliente se desborda por los lados, destruyendo todo a su paso. Ayude a sus hijos a aprender a diferir de opinión sin ser odioso.

Enseñe a sus hijos el arte de discrepar con otros, sin llegar a ser desagradable.

Sí, puede haber algunos defectos en el material de segunda, pero con la ayuda de Dios, con consistencia y un poco de sabiduría, usted puede tener éxito en el arte de criar a un hijo. Algunos defectos no pueden ser corregidos, pero pueden ser compensados por un padre sabio que busca a Dios. Después de todo, Él tiene el poder de convertirlo en un edificador sabio. Él puede tomar poco y hacer mucho. ¿Quién,

101

además de Dios, puede tomar un hombre dañado como Jefté y levantarlo como maestro para los hombres bajo su liderazgo?

> «Porque nosotros somos colaboradores de Dios, y vosotros sois labranza de Dios, edificio de Dios. Conforme a la gracia de Dios que me ha sido dada, yo como perito arquitecto puse el fundamento y otro edifica encima; pero cada uno mire cómo sobreedifica. Porque nadie puede poner otro fundamento, que el que está puesto, el cual es Jesucristo».
>
> —1 Corintios 3:9–11

Si Dios bendijo al viejo Jefté, el hijo de una conocida prostituta, Él también puede bendecir a su hijo. Lo que causó que Jefté fuera bendecido es que la mano del Señor estaba sobre él. Al final, Dios hizo de sus enemigos su silla de trabajo. Cambió sus corazones, y aquellos que lo negaban después lo buscaron.

¿Quién sabe qué bendiciones puede traer Dios por el error de alguien más? Los errores no son el fin de la vida; ellos son una oportunidad para la victoria y para aprender.

Pero todo esto empezó porque él no perdió su autoestima debido a su pasado. Al ser rechazado en su juventud, se convirtió primero en el líder de un grupo de inadaptados. Pero fue entrenado para ser un gran líder de su nación. ¿Quién sabe qué bendiciones puede traer Dios por el error de alguien más?

Los errores no son el fin de la vida; ellos son una oportunidad para la victoria y para aprender. Muchas personas pasan su vida afligiéndose por lo que sucedió en el pasado.

Usted nunca podrá cambiar su destino o arreglar su futuro si su corazón continúa sangrando por el pasado. Yo le digo, en nombre de Jesús: «¡Levántese y construya!»

> «Se levantan sus hijos y la llaman bienaventurada; y su marido también la alaba...»
>
> —Proverbios 31:28

Dios lo está llamando para algo en su vida. Es una llamada de alarma. Más tarde, usted comerá el pan que está preparando ahora. Cuando esté en una edad avanzada, sus hijos lo bendecirán o lo insultarán. Ellos pueden ser una ventaja para usted en los años por venir, o una constante vergüenza y sufrimiento.

No, ninguno de nosotros sabe si nuestros hijos harán siempre lo correcto. Esta es la verdad. Pero todo lo que usted puede hacer como padre es proveer la tierra que conduce al éxito y luego dejar el resto a Dios. Si sus hijos luego fallan, por lo menos usted podrá descansar en la noche, sabiendo que hizo todo lo que pudo. Y eso es lo que usted debe decir, porque ellos ya han crecido y son capaces de tomar sus propias decisiones. Esto es todo lo que podemos esperar. No podemos asumir responsabilidad por las acciones de otros. No tenemos control sobre sus últimas decisiones. Nuestro control termina con el buen entrenamiento. Eso es todo, nada más, sólo buen adiestramiento. Pero, por el amor de Dios, ¡esté seguro de que lo hizo!

> «Huyó, pues, Jefté de sus hermanos, y habitó en tierra de Tob; y se juntaron con él hombres ociosos, los cuales salían con él. Aconteció andando el tiempo, que los hijos de Amón hicieron guerra contra Israel. Y cuando

> los hijos de Amón hicieron guerra contra Israel, los ancianos de Galaad fueron a traer a Jefté de la tierra de Tob; y dijeron a Jefté: Ven, y serás nuestro jefe, para que peleemos contra los hijos de Amón. Jefté respondió a los ancianos de Galaad: ¿No me aborrecisteis vosotros, y me echasteis de la casa de mi padre? ¿Por qué, pues, venís ahora a mí cuando estáis en aflicción?».
>
> —Jueces 11:3–7

Después de todo su trabajo, él está en la Galería de los Famosos de la Fe, en Hebreos 11. Es reconocido como un símbolo de fe y de liderazgo. Nació fuera del matrimonio y sin un nombre de familia, pero Dios le dio un nombre.

No es suficiente invitar a los pecadores a la iglesia si no les enseñamos cómo vivir con los resultados de sus pecados. El resultado del pecado puede ser un hijo nacido fuera del matrimonio, un divorcio, o algo tan simple como una irresponsabilidad, lo que resultó en la pérdida del trabajo. Esto puede ser tan desafortunado como un bebé del *crack* quien nació mientras la madre vivía en pecado. Ahora que usted es un cristiano, tome lo que la vida le ha dado y convierta los limones en limonada.

Voy a detenerme aquí sólo un momento, para decirle que tal vez usted no sea una persona cristiana. Tal vez está leyendo en busca de un consejo sabio. Es simple y fácil, y si desea hacerlo, Dios muy gustosamente la (lo) ayudará. Entregue su corazón a Jesús. Permítale ser el Señor de su vida. Incorpore sus enseñanzas y principios en su vida diaria. Él tiene el *antídoto* de lo que lo está consumiendo. Él la (lo) ayudará a sacar adelante a sus hijos. Será un padre para usted. Él la (lo) ama, no importa lo que haya hecho. Puede traer placer aun del dolor. Por favor, por favor; trate con Él ahora.

Él proveerá para usted y sus frutos.

> «No me elegisteis vosotros a mí, sino que yo os elegí a vosotros, y os he puesto para que vayáis y llevéis fruto, y vuestro fruto permanezca; para que todo lo que pidiereis al Padre en mi nombre, él os lo dé».
>
> —Juan 15:16

Aquí Jesús habla del fruto en general. Pero los hijos son el fruto de una relación. Si la relación se ha secado como una flor que ha perdido su brillo, o si ha sido arrancada por el viento de nuevas oportunidades—esto es trágico—, no obstante, a toda costa debemos preservar el fruto. Ese hijo es el fruto, y la Biblia enseña que su fruto permanecerá.

> *No podemos asumir responsabilidad por las acciones de otros. No tenemos control sobre sus últimas decisiones. Nuestro control termina con el buen entrenamiento.*

Cuando Dios creó a Adán en el jardín, le dijo que fuera fructífero. Le estaba hablando de hijos. Aconsejó a Adán y Eva que reprodujeran su misma especie. Sus hijos son el fruto. Son evidencia para la siguiente generación de que usted estuvo aquí. Son prueba positiva de su contribución al tiempo que vendrá, un día en el que usted, probablemente, no esté para verlo.

El deseo de Satanás es destruir su fruto. Él es un mentiroso. Con todo lo que somos debemos mantener lo que Dios nos ha confiado. No permita que el crimen o la lujuria, el embarazo en la adolescencia o el suicidio, destruyan su fruto. Dios tiene un plan para su hijo. Quiero compartir con usted el hecho de que es Dios quien da la vida, no es el sexo. Dios la da.

Hay innumerables parejas en esta tierra que frecuentemente mantienen relaciones sexuales deseando procrear un hijo. Y usted ya ha sido bendecido con uno. No es el sexo el que se lo dio. Tampoco lo hizo el pecado. Dios es el dador de la vida. Él le ha confiado a usted la vida misma. Su fruto permanecerá.

Hablemos acerca de algunos «insectos» que pueden destruir el fruto de aquellos que han sido bendecidos con hijos y no tienen cónyuge. Cada situación tiene su propia característica. Mencionaré algunas de las que he sido testigo durante los años. Si usted sabe cuáles son, puede saber mejor cómo combatirlas.

1. Criar a sus hijos con su debilidad, en lugar de hacerlo con la fortaleza de nuestro Dios

Muchos padres y madres solteros continúan teniendo «tráfico» en la casa. Sus hijos son criados en una atmósfera que está llena de hombres y mujeres diferentes, los cuales van y vienen todas las noches y los fines de semana. Estos padres castigan a sus hijos por «flirteos» y les advierten contra la inmoralidad; luego ellos mismos viven en la inmundicia de sus propias desenfrenadas lujurias. Los hijos sienten repulsión por las dobles normas.

¡Limpie! ¡Limpie! ¡Limpie! ¡Su hijo está mirándolo! Esos amores y relaciones roedoras devoran el tiempo que usted necesita con sus hijos. Ellas roen el respeto que sus hijos le tienen. Sí, hay una forma de conocer personas positivas que se pueden convertir en sus compañeros, pero asegúrese primero; el exponer a sus hijos a sus compromisos nunca podrá edificar el carácter en ellos.

Satanás puede estar usándolo para contaminar el futuro de su hijo. Usted no puede ayudar a borrar los errores del pasado, pero continuar repitiéndolos es una tragedia que puede ser evitada. Si usted continúa en pecado, ¡deténgase ahora!

Creo que muchos padres solteros que no han aceptado que ahora son padres, se sienten privados de su oportunidad de salir a una cita y experimentar libertad. La Biblia dice que al que mucho se le da, mucho se le exige (Lucas 12:48). Esto es verdad. Existe responsabilidad en la crianza de un hijo. Esto es ineludible. Ya sea que esté soltero o casado, esto es ineludible. Se requieren cambios en el estilo de vida.

Después que tuvimos a los niños, yo me quedé sorprendido de que cuando mi esposa y yo estábamos listos para salir, ya no nos podíamos mover espontáneamente. Cada evento requería ser planificado. Si no era preparando biberones, era llamando a una persona para que los cuidara. Algunas veces, cuando terminábamos de empacar todas los biberones, pañales y mantas, yo ya perdía el deseo de salir. Tuve que aprender a compartir mi espacio y a mi esposa con alguien más.

2. Transmisión de actitudes cínicas a su hijo

Es terrible crecer en un hogar con alguien quien te adoctrina diciendo: «Los hombres no son buenos para nada. No puedes confiar en ellos». O: «Las mujeres no valen nada; sólo sirven para ir a la cama». Estas afirmaciones pervertidas y dolorosas, que emanan de corazones de padres que han sido heridos, pueden golpear y dañar a sus propios hijos.

Estos padres necesitan amigos y consejeros. No cometa el error de ver a sus hijos como uno de ellos. Los niños no son analistas ni amigos. Ellos son páginas blancas muy impresionables, que usted debe proteger para que no se llenen de ideas erróneas basadas en su desafortunada experiencia. Puede que, sin saberlo, esté dañando el futuro de sus hijos repitiendo en sus oídos los problemas del pasado.

3. Vivir en culpabilidad, tratando de compensar excesivamente

Los padres en esta situación compran demasiadas cosas a sus hijos—como juguetes—en un esfuerzo de tratar de compensar por algo que ellos no son capaces de dar al niño, como su tiempo y atención. O, se puede producir lo opuesto y los padres obsesivamente se van a los extremos y privan a sus hijos. También algunos cristianos lo hacen, particularmente aquellos que son atraídos por expresiones religiosas que son muy estrictas, las cuales gobiernan su manera de vestir, lo que usan en la cabeza, sus entretenimientos y cada aspecto de sus vidas. Muchas personas son atraídas a esta conformidad religiosa, porque nunca se han perdonado a ellos mismos por los errores del pasado. Van tirando todo por la borda, tratando de limpiarse como señal de autohumillación.

> *A propósito, ¿se ha detenido hoy y le ha pedido a Dios que lo ayude a ser un mejor padre, o una mejor madre? ¿Ha seguido sus consejos e instrucciones? Seguramente no está tratando de hacer este tremendo trabajo solo o sola, ¿verdad?*

Deje que Dios lo limpie de sus culpas. Usted no tiene que ser un monje o vivir como si estuviera en un convento sin risas, sin amor y sin vida. Sus pecados son perdonados por la sangre de Jesús. Esta obsesión continua, de rehusarse a permitir al niño ser un niño, tratando de hacerlos vestir diferente, evitando juegos de la niñez y otros eventos normales en un intento de rendir homenaje por algo, debe ser descartada de su corazón.

Antes de hacer algo más, acepte el precio de la redención por la sangre de Cristo. Nosotros no necesitamos justificarnos a nosotros mismos o pagarle a Dios. Simplemente sírvase de Él, práctica y sinceramente. Esto será suficiente.

Además de estos tres «insectos» destructores de frutas, hay otros, como las drogas, el alcohol, el sexo extramatrimonial, el embarazo en adolescentes y el SIDA, de los cuales no he mencionado nada. El maltrato infantil ha llegado a proporciones epidémicas en este tiempo. Secuestradores de niños, aquellos que los hacen trabajar y muchas otras cosas amenazan a nuestros hijos. Sólo he hablado de las cosas que se centran en cómo usted cría a sus hijos.

La mejor defensa contra estas fuerzas destructivas es enseñar la ofensiva. Prevenir las cosas antes de que sucedan es mucho mejor que criticar después de que pasen. Enséñeles a sus hijos a no confiar en extraños. Esto es todo un trabajo, pero gracias a Dios, lo tenemos a Él, ¿verdad? Si no lo tuviéramos, tendríamos que pensar en todo. Algunos pobres padres tratan de hacerlo por ellos mismos. ¿Se puede imaginar eso?

A propósito, ¿se ha detenido hoy y le ha pedido a Dios que lo ayude a ser un mejor padre, o una mejor madre? ¿Ha seguido sus consejos e instrucciones? Seguramente no está tratando de hacer este tremendo trabajo solo o sola, ¿verdad?

Todos estos son insectos que revolotean alrededor de su casa, buscando una oportunidad para destruir su fruto. Esto no pasará. Esto no puede pasar. El Señor desea que su fruto permanezca. No se asuste por ellos; sólo cúbralos con la sangre. La sangre de Jesús vence a toda obra maligna; destruye todo lo que lo destruiría a usted. Suplique que la sangre proteja a sus hijos; ore con ellos. ¡Hágalo! No sea tímida, tímido. Ni el que molesta ni el que vende droga son tímidos. ¡Hable fuerte!

Es posible levantar hijos fuertes de hogares destrozados. La garantía social del ambiente del niño es generalmente su familia inmediata. Si la estructura de esta familia se rompe, tal vez usted pueda agrandar el círculo incorporando otros miembros en la familia. Los tíos y las tías se convierten en un maravilloso recurso para agrandar las estacas y fortalecer los cordones de la carpa familiar.

Sé que se debe tener precaución, porque cualquiera que esté relacionado con usted no necesariamente es la persona idónea para ayudar. Además, muchos padres solteros tienen miembros en la familia que parecen insensibles a su situación.

Los padres solteros trabajan fuerte, llegan a la casa cansados, y duermen abrazados a las almohadas como si ellos tuvieran alguien de quien sostenerse. Ni la almohada más suave de plumas de ganso facilita el descanso de un corazón herido y un cuerpo cansado, un cuerpo que no ha sido acariciado por meses o años. Este es el profundo dolor de la soledad; ni el maquillaje ni las corbatas pueden esconderlo. Esta es la situación difícil del padre que tiene mucho que decir, pero a nadie a quién decírselo. Entiendo su situación. Estoy orando por usted.

Es la presencia de Dios lo que nos da descanso. Él puede

restaurar las áreas dañadas del hogar con su presencia. Debemos enseñar a los hijos el valor de su presencia para llenar los vacíos en nuestros corazones. Vacíos y sed, nos vendrán a todos. La forma en que saciamos la sed determinará nuestra habilidad para sobrevivir en este mundo.

Pero usted no está solo. El Dios del consuelo está con usted. Él sabe muy bien lo que está pasando.

Su vacío puede ser la falta de un sistema de ayuda. Puede estar sintiendo el cansancio y la soledad. Siento mucho que tenga que afrontar estos retos sin una compañía, pero usted no está solo. El Dios del consuelo está con usted. Él sabe muy bien lo que está pasando. Él tiene conocimiento de las áreas de desesperación. Sabe del sentimiento de culpabilidad, como si nada de lo que usted hiciera fuera suficiente. Él sabe que cuando descansa en la noche, siempre hay algo en su mente que necesita atención. Conoce que detrás de ser un padre o madre, usted también es una persona.

Él también sabe de la falta de intimidad y el dolor de la soledad. Usted cuida de los hijos; y yo respeto mucho eso. Pero, ¿sabía que mientras duerme, Dios la está cuidando? Porque es su hija, porque es su hijo, Él cuida de usted. Ahora descanse en Él. Recuerde, el gozo viene en la mañana.

> «Porque un momento será su ira,
> pero su favor dura toda la vida.
> Por la noche durará el lloro,
> y a la mañana vendrá la alegría».
>
> —SALMO 30:5

Preguntas de discusión

1. Podemos enseñar a nuestros hijos a valorizar sus propias opiniones o podemos enseñarles que sus opiniones no son buenas, lo que destruiría sus autoestimas. En las siguientes líneas escriba tres preguntas relacionadas con lo que está viviendo actualmente con cada uno de sus hijos, y que pudiera preguntarle a cada uno. Permita que ellos contesten dando sus propias opiniones. (Por ejemplo: ¿De qué color deberíamos pintar tu cuarto, Juan?)

   _____

   _____

   _____

2. El autor sugiere que enseñemos a nuestros hijos el arte de estar en desacuerdo con otros sin ser descorteses. En las siguientes líneas, dé un ejemplo de algún momento en el cual pudo estar en desacuerdo con alguien sin ser descortés y dé otro ejemplo de una ocasión en la cual fue descortés.

   _____

   _____

   _____

   Ahora pídale a Dios que le dé más oportunidades de aprender a ser agradable y enseñar a sus hijos a ser igual.

3. T. D. Jakes menciona tres "insectos" que destruyen la buena fruta en los hijos de padres solteros. Al lado de cada "insecto" mencionado, dé una ilustración de algún momento

en el cual permitió que ese "insecto picara" a algún miembro de su familia.

Insecto 1: Criar hijos en su debilidad y no en la fuerza de Dios.

_____

_____

Insecto 2: Trasmitir actitudes cínicas a sus hijos.

_____

_____

Insecto 3: Vivir en estado de culpa, tratando de recompensar.

_____

_____

4. Ahora escriba abajo la manera en que puede eliminar los efectos de cada insecto que ha hecho que suceda nuevamente.

Insecto 1: Criar hijos en su debilidad y no en la fuerza de Dios.

_____

_____

Insecto 2: Trasmitir actitudes cínicas a sus hijos.

_____

_____

Insecto 3: Vivir en estado de culpa, tratando de recompensar.

ACTIVIDADES PARA ORDENAR SU DESTINO
—LA SILLA DE APRECIACIÓN—

Reúna a toda su familia. Si es posible, incluya los miembros de su familia cercanos como abuelos, tías, tíos y primos. Formen sentados un círculo y coloquen una silla en el centro del círculo.

Explique que cada miembro de la familia va a expresar algunas de las razones positivas por las que considera que ese familiar es importante para el resto de la familia.

Permita que cada miembro de la familia tome su turno en "La silla de apreciación" colocada en el centro del círculo. Pida a cada miembro expresar al menos una razón positiva de porqué esa persona es importante para ellos. Anime a otros a afirmar cada declaración con expresiones como "¡Yo también!", "Sí, yo estoy de acuerdo con eso" y "Yo siento lo mismo por ti", mientras cada miembro de la familia hace su comentario.

Cuando cada miembro haya ocupado su turno en la silla, tómense de las manos y oren, dando gracias a Dios por la forma especial que Él ha hecho a cada uno.

ORACIÓN

Padre, no es hasta que reconocemos nuestro valor en ti que podemos comenzar a caminar en confianza y seguridad a pesar de lo que otros puedan decir o hacer. Ayúdanos a anclar nuestras vidas en tu amor. Permítenos clamar a ti como lo hizo David, "En ti, oh Jehová, he confiado; no sea yo confundido jamás; líbrame en tu justicia. Inclina a mí tu oído, líbrame pronto" (Sal. 31:1–2).

Padre, aún David, a quien amaste tanto, se sintió despreciado por su propia gente. Él clamó a ti, diciendo: "De todos mis enemigos soy objeto de oprobio, y de mis vecinos mucho más, y el horror de mis conocidos, los que me ven fuera huyen de mí....Porque oigo la calumnia de muchos" (vv. 11, 13). Pero él sabía que tú lo habías amado, porque dijo: "Mas yo en ti confío, oh Jehová; digo: 'Tú eres mi Dios'" (v. 14).

Ayuda a cada uno de mis hijos y, a mí, a entender que cuando clamamos a ti, tú estás dispuesto a ayudarnos en todo momento. No importa lo que nos suceda, no importa lo que otros puedan decir o pensar de nosotros, "bendito sea Jehová, porque ha hecho maravillosa su misericordia para conmigo en ciudad fortificada" (v. 21).

¡Gracias, Padre, por hacernos alguien en ti! Amén.

CAPÍTULO 7

TÚ ERES MI HIJO,
NO MI AMIGO

TODOS NECESITAN UN amigo. Un amigo es esa persona especial a quien nosotros le contamos nuestras inquietudes internas, sin temor a la crítica. Los amigos son muy escasos; rara vez puedes encontrar uno bueno en una década. Si alguna vez ha tenido un amigo, no permita a nadie que destruya su amistad. Puede pasar mucho tiempo antes de que encuentre otro. Todos necesitan un amigo.

Muchas veces aquellos que han sido traicionados, abandonados o se les ha muerto un ser querido, están sedientos por un amigo. Es muy doloroso perder a alguien que antes estaba ahí. Esta persona tocó su corazón, se llevó sus secretos y luego desapareció. Ahora usted es vulnerable. Esa vulnerabilidad hará que encuentre reemplazos muy rápidamente. He aprendido que la idea de conseguir amistades rápidas es una tontería. La amistad no es fácil de hacer; es asunto de confianza.

Si usted ha sido herido, la dificultad de confiar nuevamente se incrementará. La codicia regresa más rápido que la confianza. La soledad deshace sus maletas y se queda. La desconfianza perturba como la burla de un atormentador. La peor tortura es estar cerca de algo que usted necesita desesperadamente, pero sin la habilidad de relajarse totalmente y recibirlo. Muchos se arrojan en la piscina de todas formas, pensando que así podrán acelerar la cicatrización, pero esto puede tener tristes consecuencias.

Algunas veces no es la necesidad física, sino el sólo sentarse con alguien y conversar cuando el día declina. Es solo tener a alguien que entienda su silencio o le permita estar triste. Muchas veces sólo necesita que alguien se siente con usted en silencio, mientras miran el fuego de la chimenea y piensa cómo pudiera haber sido, cómo debiera haber sido.

Los amigos son personas cuyas sonrisas son más fuertes que las palabras. Su presencia es tan cálida como una manta de lana en una noche fría. Ellos son envolventes. Son los terapeutas del hombre pobre, la familia del rico y los confidentes del sufrido. Los verdaderos amigos no se pueden comprar, ni usted puede persuadir a nadie para que lo ame. Esto simplemente sucede; le pasa a todos en cada etapa de la vida, desde los niños en la plaza de juegos hasta el anciano. Sucede en las prisiones y en las oficinas, en las iglesias y los clubes: son personas vinculándose. No se puede explicar completamente; debe experimentarse.

Algunas personas han vivido toda su vida sin tener un amigo. Esta es la pobreza más profunda que un hombre puede conocer. La ausencia de la amistad causa que el hombre acaudalado tire su dinero al aire. ¿Qué de bueno tiene un cuadro si no hay nadie que lo vea contigo? ¿A quién le importa una comida elegante que sólo puede ser compartida con un periódico? El suave y cadencioso sonido de una música se convierte en un mero ruido si no hay nadie a quien decirle: «Esta es una música maravillosa».

Amistad desplazada

Tristemente, muchas personas han tenido amantes, pero no amigos. Han tenido matrimonios sin amistad y sexo sin intimidad. Han sido tocadas pero no se han mantenido unidos. Han sido acariciadas, pero no han recibido palabras de elogio. Están cansadas de manos y personas que buscan a tientas y las quieren sólo por su talento, su sabiduría, su cuerpo u otro favor. Están golpeadas, sangrando, cayendo por el camino de la vida, pero el sendero por detrás está manchado por un hilo suave de sangre fría. Ellas están necesitadas.

Algunos están en la iglesia, siguiendo los movimientos de adoración. Cantan, bailan y levantan sus manos, gritando fuerte y más fuerte como para ahogar el dolor del vacío que existe detrás de la sonrisa profesional que solía ser real. Han pintado el gozo en sus rostros pero no han encontrado el pincel que llegue a sus corazones. Estos corazones están sin pintar y pelados, expuestos como madera sin tratar. Ellos están solos.

Los amigos son personas cuyas sonrisas son más fuertes que las palabras. Su presencia es tan cálida como una manta de lana en una noche fría.

Es un estado peligroso. Cuando un individuo se siente así, cualquiera que le preste demasiada atención puede desatar un torrente de sentimientos. Como la parra que busca dónde adherirse, esta persona busca contacto desesperadamente para experimentar una promesa tranquilizadora. En esta etapa es difícil mantener las relaciones en sus límites. Las aventuras amorosas nacen de momentos que calman una profunda sed de amistad.

Por favor, no piense que todos los que han tenido una

aventura amorosa lo hicieron sólo por sexo. Algunas veces esta comienza por el afecto de alguien en un momento vulnerable. El estrés, los hijos, las finanzas, la cama vacía y los problemas sin respuestas inducen a los afectos anormales. Estos cariños son el resultado de dejar que alguien que recién conocemos nos entusiasme, mientras el corazón todavía no se ha recuperado del dolor de la traición. Muchas veces las personas se ilusionan con alguien que no está entusiasmado con ellas.

SACAR AGUA DE LA FUENTE EQUIVOCADA

Inconscientemente, muchas personas, algunas mujeres en particular, se han visto involucradas con sus hijos. Yo no me refiero en la forma vulgar o pervertida de la palabra involucrado. Simplemente quiero decir que la relación entre el padre y el hijo se ha distorsionado y es inapropiada. Los padres se ponen al mismo nivel de los hijos y así se esconden de las muchas responsabilidades del cuidado de un hijo. Esto se ha convertido en una forma de escape peligrosa.

La tragedia es que ellos, erróneamente, tratan de encontrar un nivel de satisfacción que no se puede lograr a través de las relaciones con sus hijos. Uno de los peores efectos colaterales de esto es la tendencia a ser demasiado confiado en sus hijos. Los padres necesitan desesperadamente tener una mejor perspectiva.

Envío esto como un «telegrama urgente» a los corazones de los hombres y mujeres que, en su desesperación de relaciones seguras, a menudo toman a sus hijos para reemplazar el afecto que les falta. Están tan desesperados que con el paso del tiempo han distorsionado una relación por otra. Están tratando de conseguir agua de una fuente equivocada. ¿Alguna vez usted se ha acercado a la persona equivocada para conseguir la cosa correcta? Era algo que usted necesitaba, pero en su corazón sabía que esto realmente no vendría de esa persona.

Personalmente llamo a esto *vejación mental*, es decir, cuando el padre está manipulando a los hijos inapropiadamente, violando su niñez por forzarlos a una amistad que le niega a los hijos el disfrutar de los padres que ellos necesitan. Esta es una línea delgada; cruzarla es peligroso porque perjudica la alegría de vivir del niño, y lo deja con un concepto indefinido y vacío acerca de él mismo.

Cuando un padre hace esto, pone tensión sobre los hijos. ¿Por qué? Porque cuando las personas lo aman, tratan de estar con usted. Es un problema cuando les pide a los hijos ser algo que ellos no quieren ser. Quizás ellos lo complacen, pero en sus corazones esto presiona y tensiona la relación que supuestamente debieran tener con usted. De esta forma está forzando para conseguir de ellos el agua que puede ser conseguida de alguien más.

PERMÍTALE QUE SEA UN NIÑO

En mis oídos escuché el llanto de niños que están siendo abusados en una forma inusual. Son abusados por padres que esperan que sean lo que ellos no se suponen que deben ser. Pueden ser sus hijos, pero cuidado: no se supone que deban ser sus amigos. Es muy peligroso pervertir la relación entre usted y sus hijos. La palabra pervertir significa «desviarse de su uso original». Cada vez que usted confunde a su hijo como su amigo, pervierte la relación.

Algunos de los efectos colaterales de esto es que ellos comienzan a tomar libertades irrespetuosas con usted, como los padres lo harían en las conversaciones. Creo que se debe a que a algunos padres se les hace difícil retroceder y ser la figura autoritaria en la casa; ellos permitieron que su papel se comprometiera por la necesidad de compañía.

Los padres también causan estrés a los hijos, abrumándolos con problemas de adultos cuando ellos todavía son niños. Debe comprender que los niños tienen su propio estrés para su nivel de vida. Cuando ellos son bombardeados con el interés de su papá por su secretaria, mientras ellos todavía están lidiando con el trauma de no ser invitados al baile de secundaria, esto no es justo. Esto es más que injusto: es egoísta.

Los padres sin sabiduría arrojarán las llaves del automóvil en las manos de un hijo que todavía usa las rueditas de apoyo para aprender a andar en bicicleta. ¿Usted abusaría del cuerpo delicado del niño esperando que él, físicamente, pueda soportar un peso indebido prematuramente? Vendrá el tiempo cuando el niño pueda soportar el peso, pero prematuramente, este se convierte en un castigo. Si usted protegería el cuerpo de su hijo del peligroso esfuerzo excesivo, entonces, ¿por qué no proteger sus emociones? Usted necesita una caja de resonancia, pero el niño no debe serlo.

Conforme los niños se dan cuenta de que usted tiene sus propios problemas, ellos le pierden cierto grado de respeto. La imagen de héroe desaparece. Sí, necesita romperse, pero no durante los años de formación. Ellos necesitan verla como alguien que puede afrontar los problemas. Si no es así, tendrán poca motivación de discutir sus retos con usted. Tendrán menos confianza en traer sus problemas, porque sentirán usted no puede resolver ni sus propios asuntos. Cuando usted se embarca en nuevos niveles de estrés y dilemas, es importante que no ponga la carga sobre aquellos a quienes está entrenando, discutiendo estos problemas con ellos.

*Usted necesita una caja de resonancia,
pero el niño no debe serlo.*

Es un abuso pedirle a alguien que sea la válvula de escape de su estrés, especialmente cuando esta persona no es lo suficientemente adulta como para estar preparada para este grado de estrés. Fuertemente los animo como un padre o madre, solteros o casados, a evitar comunicarse con sus hijos como si ellos fueran sus amigos. Permítales gozar del privilegio de la niñez que sólo se presenta una vez en la vida. Esta se va muy pronto; ¿por qué apresurarla para que se vaya? Nunca volverá. Se irá tan rápido que ellos se preguntarán dónde se fue.

Cuide estos preciosos momentos en su desarrollo y no dañe sus mentes jóvenes con el estrés y el sufrimiento que viene con la madurez y los asuntos de adultos. Estará contento de haberlo hecho. Más tarde, cuando ellos sean mayores, su relación con ellos cambiará y los encontrará más equipados para afrontar estos asuntos. Pero, por favor, déjelos que sean ellos los que marcan el ritmo de su desarrollo. No permita que los desafíos de su vida apresuren a sus hijos a hacerse cargo de un papel para el cual todavía no están preparados.

"LLÁMAME MAMÁ, NO ANA"

A medida que nos acercamos al final de este asunto, tengo una nota final. Nuestras actitudes modernas y relajadas hacia las figuras autoritarias está teniendo terribles efectos colaterales. En esta época, cuando los hijos son animados a llamar a sus padres por sus primeros nombres, nos hemos convertido tan iguales a ellos que tienen que encontrar un modelo fuera de la casa.

Esto es una tragedia cuando sus modelos son personajes que ven en la televisión. Ellos tienen más respeto por esos actores que por sus padres, quienes los alimentan cada día. Pero ellos no tienen la culpa. Se les debe enseñar; no vienen al mundo sabiendo de respeto.

> «Pagad a todos lo que debéis: al que tributo, tributo; al que impuesto, impuesto; al que respeto, respeto; al que honra, honra».
>
> —ROMANOS 13:7

Me sorprendí al saber que a mis hijos les habían enseñado a no decir «Sí, señora» y «Sí, señor» en uno de los colegios adonde los enviamos. El profesor les dijo: «No es necesario; yo no soy tan viejo. Sólo digan sí o no». Me sorprendí que ellos estuvieran tan interesados en ser jóvenes, al punto de ser capaces de comprometer un respeto que a mí me habían enseñado como buenos modales.

> «Hijos, obedeced en el Señor a vuestros padres, porque esto es justo».
>
> —EFESIOS 6:1

La era presente ha puesto mucho énfasis en la imagen juvenil que ha robado a nuestros hijos la paternidad, la cual consecuentemente les roba la niñez. Debe haber una diferencia entre el padre y el hijo. No debemos ser iguales en términos de la relación. Los hijos deben respetar y obedecer a sus padres. Los hemos confundido tanto que ahora ellos se están divorciando de nosotros.

Sé que debemos ser amables y amorosos, pero esto no significa que no debamos ser padres para nuestros hijos. A veces es duro, pero si usted desea un camarada, consiga un amigo. Si desea un hijo que se eduque y lo bendiga a usted, entonces sea padre y mantenga su postura.

> «Honra a tu padre y a tu madre, que es el primer mandamiento con promesa; para que te vaya bien, y seas de larga vida sobre la tierra».
>
> —Efesios 6:2–3

Si no les enseña a sus hijos a respetarlo, les estará robando esta preciosa promesa.

Esta promesa no se lleva bien actualmente con nuestros hijos. En parte puede deberse al hecho de que han ganado en nosotros un amigo, pero han perdido un padre. Ya no llegan a la casa a ver a mamá; entran por la puerta diciendo: «Hola, Ana», como si usted fuera otro de los niños de la vecindad. Su padre ya no es Papá o Papi, ni aun padre; él ahora es «Ricardo». El cambio de títulos es indicativo de la falta de respeto y honra.

No comprometa su respeto o perderá la influencia que hace la diferencia en el hogar. El primer mandamiento con promesa se refiere al respeto hacia los padres. Es imperativo que no permita que nada lo lleve a ser menos de lo que la vida le ha dado: ser una madre, ser un padre.

Algunas veces, cuando tenemos niños muy pequeños, tenemos la tendencia de no vernos como padres. Por cualquier razón, asumimos una esfera paternal fingida, donde no queremos que nuestros amigos escuchen que nos llaman «Mamá» o «Papá». Pero eso es lo que somos, y debemos acostumbrarnos a esto.

Recuerdo cuando el pelo de mi madre empezó a ponerse blanco. Ella realmente lo odiaba. Por años insistió en pintárselo. Finalmente, cuando el mío empezó a ponerse gris, le dije: «Madre, ¿no crees que se ve extraño que yo sea tu hijo menor y tenga el pelo gris, mientras el tuyo todavía está negro? Madre, tú te has ganado el pelo blanco. Simboliza tu fuerza y tu determinación de sobrevivir. El tiempo te lo ha puesto a pesar de la muerte. Has robado la sepultura y negado la muerte. De esa forma te has ganado el trofeo del pelo plateado. Es tuyo. Llévalo con dignidad». Ella nunca volvió a matarlo.

Este es el momento en que usted contribuye con sus hijos. Deles un padre que es íntegro y saludable, y ellos le darán un hijo a su imagen.

No podemos ser jóvenes para siempre. Alguien tiene que ser el padre para que el otro pueda ser el hijo. Hay un tiempo en su vida para la frivolidad y un tiempo para ser maestro. Este es el momento en que usted contribuye con sus hijos. Deles un padre que es íntegro y saludable, y ellos le darán un hijo a su imagen. Hay una línea de distinción que viene de ser un padre. Es crucial y necesario.

Cuando Jacob estaba viejo y muriéndose, pudo bendecir a sus hijos. La bendición de un padre es algo poderoso. Esto carecerá de poder si ese hombre, quien es biológicamente su padre, ha sido tanto su amigo que su mano ya no tiene el toque de un padre.

El enemigo viene a matar, robar y destruir. Él desea robarle un elemento importante en su vida. El padre y el hijo tienen una unión única entre ellos. Por mi parte, sólo tendré una madre y un padre. Tendré muchas oportunidades de tener amigos para hablar de cosas tontas, ilícitas si es que quiero. Pero sólo tengo una oportunidad de ser un padre. Yo necesito esto. De igual manera mis hijos.

Yo soy su padre. Siempre los amaré y los ayudaré; y en un sentido abstracto, yo soy su amigo. Pero ellos no pueden ser mis amigos. Mis amigos me ven en una forma completamente diferente. Ellos son un desahogo para mí; un lugar de camaradería sin la responsabilidad del adiestramiento.

Podré tener muchos amigos. Mis hijos también los tendrán. Pero nosotros sólo tenemos una oportunidad para esa preciosa bendición de ser padre e hijo. Por lo cual, me resisto a la tentación de ser moderno y a lo que ahora es muy común: tratar tontamente de entrar en una generación para la cual Dios no me diseñó. Como un buen entrenador, permaneceré fuera del cuadrilátero, y los alentaré en la victoria. Si no estoy ahí para verlos ganar, entonces estaré en algún lugar, en un balcón del cielo, ovacionándolos, porque conozco mi lugar.

Yo no soy su amigo. Yo soy su padre. ¿Y usted?

PREGUNTAS DE DISCUSIÓN

1. Todo el mundo necesita de un amigo. El autor señala: "Amigos verdaderos no se pueden comprar. Tampoco podemos persuadir a alguien para que nos ame. Simplemente sucede y no existe explicación. Es algo que debe ser experimentado".

   En las siguientes líneas, describa a su amigo(a) más cercano y el impacto que esa persona ha tenido en su vida.

   _____

   _____

   _____

2. En este capítulo aprendimos que cuando se enfrentaron con crisis en sus vidas, algunos padres equivocadamente trataron de alcanzar lo que no pudo lograrse a través de las relaciones con sus hijos. T. D. Jakes dice que "uno de los efectos secundarios más mortales es la tendencia a confiar demasiado en sus hijos".

   Tome tiempo para pensar en su relación con sus hijos. Coloque una marca (√) al lado de cada declaración que describe la manera en la que usted se relaciona con su hijo(a). En la línea que está debajo de cada declaración marcada, describa cómo usted puede lograr una respuesta positiva de su hijo.

   ❏ He compartido cosas negativas de mi excónyuge con mis hijos.

   _____

❑ He tratado a mis hijos como mis amigos íntimos y confidentes, cargándolos de problemas de adultos.

❑ He descargado mi estrés sobre mi hijo(a).

❑ He permitido que mis hijos sean irrespetuosos y deshonrosos conmigo mediante palabras y actitudes.

3. Muchos expertos creen que lo que contribuye más a la confusión de un niño y a la desorientación al momento del divorcio es la falta de cuidado adecuado cuando el niño más lo necesita.

Piense en la cualidad y cantidad de cuidado que usted está dispuesto a dar a su familia. En las siguientes líneas, mencione tres formas que le pueden permitir dar cuidado adicional a sus hijos.

ACTIVIDADES PARA ORDENAR SU DESTINO
—CÓMO PUEDO RESPONDER CUANDO...—

Materiales: Cartulina, marcador, tijeras, presilla de papel.

Corte un círculo grande de 24 pulgadas de cartulina. Utilice el marcador para dividir el círculo en ocho secciones (como se corta un pastel). Nombre cada sección con las siguientes palabras: Orgulloso, Feliz, Furioso, Triste, Amigable, Amoroso, Rencoroso, Perdonador. Corte una aguja, como de reloj, de 14 pulgadas de la misma cartulina que cortó el círculo. Asegure la aguja con la presilla de papel en el centro del círculo.

Reglas de juego:

Cada miembro de la familia debe dar vuelta al apuntador (aguja) y dramatizar una situación que revela la palabra donde el apuntador paró. Anime a los miembros a que dramaticen situaciones que han sucedido en sus propias relaciones de familia. Asegúrese que sepan que tienen que dramatizar una respuesta positiva a cada situación negativa, no necesariamente en la manera en que se respondió en el pasado.

Cuando cada miembro haya tenido la oportunidad de actuar la mejor solución posible a la situación que les fue dada, hable sobre maneras positivas de manejar las otras situaciones. Aproveche la oportunidad para animar a cada miembro a tomar tiempo para pensar sobre sus acciones antes de responder a esas situaciones cuando se les presente en el futuro.

No permita que los miembros de familia traigan a relucir situaciones que algunos de ellos hayan respondido de forma negativa en el pasado. Use el momento para sugerir y comunicar nuevas y mejores maneras de responder positivamente en situaciones futuras.

Oración

Padre, gracias que tu Palabra es una guía que me ayuda a conocer cómo puedo ser mejor padre(madre) para mis hijos. Gracias que tu Palabra ayuda a mis hijos a que conozcan cómo ser obedientes y respetuosos. Ayúdanos a escuchar cuidadosamente tus instrucciones y a seguir tu Palabra lo mejor que podamos.

A mis hijos tú les has dicho, "Oye, hijo mío, la instrucción de tu padre, y no desprecies la dirección de tu madre.... Porque os doy buena enseñanza.... Adquiere sabiduría, adquiere inteligencia; no te olvides ni te apartes de las razones de mi boca.... Porque son vida a los que las hallan, y medicina a todo su cuerpo. Sobre toda cosa guardada, guarda tu corazón; porque de él mana la vida" (Prov. 1:8; 4:2, 5, 22–23).

Y a mi tú me has dicho, "¡Quién diera que [tuvieses] tal corazón, que me [temieses] y [guardases] todos los días todos mis mandamientos, para que a ellos y a sus hijos les fuese bien para siempre" (Deut. 5:29).

Padre, mi familia y yo encomendamos nuestros corazones y nuestras vidas a ti. Queremos que tú seas complacido con nuestras vidas. Padre, este día, te decimos, "pero yo y mi casa serviremos a Jehová" (Jos. 24:15). En el nombre de Jesús, amén.

CAPÍTULO 8

TÓMESE TIEMPO
PARA USTED

Se puede decir mucho sobre el manejo de tiempo en la vida de un padre soltero. Pareciera que no hay suficientes horas en el día ni energía en el cuerpo para responder a todas las necesidades. Puede ser físicamente agotador y emocionalmente destructivo tratar de ser todo. La verdad es que usted no puede cubrir la ausencia de un compañero. Puede ser sensible a esta situación y aun ayudar con esto, pero no puede ser dos personas.

Usted no puede ser para un hijo lo que serían ambos padres. Esto ayuda a aprender que, aun si tiene ayuda, esto no significa que la ayuda será útil. Muchas personas casadas están educando a sus hijos solos, simplemente porque uno de ellos no colabora con el proceso de educación del hijo. Por lo tanto, haga todo lo que pueda, pero no ignore las limitaciones de ser una sola persona.

Si ignora estas limitaciones, se sobrecargará a usted misma, y terminará sentada en el piso, comiendo bolas de algodón y hablando sola. Una crisis nerviosa no la ayudará ni a usted ni a su hijo. Así que tome su tiempo. Queremos que recorra el largo camino y no sólo un corto trecho.

Pienso que el primer enemigo que debemos enviar a su casa es la culpabilidad. A la mayoría de nosotros, ella nos hace adictos al trabajo. Nos sentimos culpables cuando descansamos. Sentimos que hay mucho por hacer, y que el descansar no es importante comparado con las necesidades de los otros. Pero esto no es justo para usted.

Recuerde a Cristo, quien tenía sólo treinta años para cumplir con su propósito y discipular a hombres adultos. Él sólo utilizó tres de estos años para su ministerio. Deben haber sido años muy poderosos. Sería un poco estresante que me dijeran que tengo tres años para impactar al mundo, y tan fuertemente que este nunca volviera a ser el mismo. Tres años para influir en la historia, al punto que aun los agnósticos y ateos discutirán sobre mi persona por miles de años después de mi vida en la tierra. Esto me tendría un poco estresado. ¿Y a usted?

> *Ahora bien, si Él era Dios y sólo tenía tres años para ministrar, y aun así necesitaba descanso, ¿qué de ustedes?*

Ahora, agregue a esta demanda la comprensión de que Él es Dios en un cuerpo, cubierto de carne. Usted sabe cómo Él amó a la gente. Tal vez pensará que, como Dios, Él utilizaría cada momento disponible—sin dormir, sin descansar, ni relajarse—para cumplir su propósito. Pero este no fue el caso. Jesús no se convirtió en una persona que no dormía; no era una computadora caminante, manejada por las necesidades de otros, ni se ofrecía a sí mismo en el altar de acuerdo a un horario, en vez de hacerlo en la cruz. ¡Una y otra vez vemos que Él descansaba!

Ahora bien, si Él era Dios y sólo tenía tres años para ministrar, y aun así necesitaba descanso, ¿qué de ustedes?

«Entonces los apóstoles se juntaron con Jesús, y le contaron todo lo que habían hecho, y lo que habían enseñado. El les dijo: Venid vosotros aparte a un lugar desierto, y descansad un poco. Porque eran muchos los que iban y venían, de manera que ni aun tenían tiempo para comer. Y se fueron solos en una barca a un lugar desierto».

—MARCOS 6:30–32

Aquí Jesús nos enseña que si no toma su tiempo, usted no conseguirá nada. Me siento mal enseñando esto porque es un área con la que yo mismo lucho todavía. Es difícil balancear las demandas de la vida con lo que nos provee el cuerpo humano. Estoy aprendiendo que no podemos hacer todo. Conforme cambian nuestras situaciones y nuestra edad, no podemos hacer todo lo que alguna vez hemos hecho.

¡RELÁJESE!

La Biblia dice que los discípulos no tenían tiempo para comer.

En mi caso, aprendí a disfrutar mis comidas como tiempos sabáticos. Mientras estoy comiendo no contesto las llamadas por teléfono. Aprendí esto después de contestar el teléfono en medio de la comida por mucho tiempo. Entonces regresaba dos horas y media más tarde, luego de dos o tres llamadas seguidas, para encontrar una comida fría y una mesa donde mis hijos ya se habían ido a la cama, cansados de esperar a que yo terminara mis negocios. Para mí, uno de mis pequeños «sabáticos» es la comida.

Debe tomar como sabático un baño largo, lujoso, completo, con aceites, esencias y música suave. Algo de «mimos» es permitido a alguien que trabaja tanto. Recuerde, si usted no lo toma, no lo tendrá. Nadie está allí para insistirle que pare de trabajar; sólo usted. Los hijos no lo harán, porque ellos piensan que usted es indestructible, así que mejor tome un buen descanso.

Descansar no siempre es dormir. De hecho, muchas veces descansar puede ser un cambio en la rutina diaria. Puede ser tener el desayuno en la terraza, alejado de todos. Un descanso puede ser un fin de semana en un sitio de veraneo. Si usted no se lo toma, nunca lo tendrá.

Tome un descanso para usted. Jesús descansó y Él le enseñó a sus discípulos a descansar.

No tiene que ser caro para ser efectivo. Vaya al parque con un libro y un sandwich, y pase la mañana en paz. Pida a un pariente que lleve a los niños al centro comercial, a las tiendas o al cine. Usted estará contento de haberlo hecho. La mayoría de las madres y los padres solteros sólo consiguen una niñera cuando hay trabajo que hacer. Tome un descanso para usted. Jesús descansó y Él le enseñó a sus discípulos a descansar.

David dijo: «En lugares de delicados pastos me hará descansar» (Salmo 23:2). Si usted no toma un descanso, puede terminar con un descanso forzoso. Creo que es mejor ir al parque por mi propia voluntad que terminar en el hospital a la fuerza.

No estoy tratando de asustarlos, sólo advertirlos de que es un error negarse a sí mismo, al punto de tener una crisis y herirse física y emocionalmente. Sí, usted todavía está ahí con los niños, pero está malhumorado, tiene arranques de ira y con depresión. Ellos disfrutarán mejor su presencia si toma un tiempo para refrescarse.

La palabra *descansar* literalmente significa: «reposar o refrescar». La próxima vez que tenga que hacer un viaje, ¿por qué no tomarse un día adicional e ir por tren? Lleve un buen libro y relájese. Puede ahorrarse algún dinero o, mejor aun, puede eliminar algo del estrés y regresar más refrescado de lo que hubiera logrado de la otra forma.

ESTAR SIEMPRE ACCESIBLE SIN ESTAR SIEMPRE DISPONIBLE

No estamos hablando de negar sus responsabilidades, sino de incluirse a sí mismo como una prioridad. ¿Usted no es importante? Entonces debe haber alguna provisión para su renovación.

Sé que algunos llevan esto a los extremos, pero creo que la mayoría de las madres y los padres solteros son conscientes, personas trabajadoras, que a menudo han olvidado cómo relajarse y gozar fuera de sus obligaciones en la familia. Han perdido su sentido de perspectiva y han dejado de ser «personas». Sólo son padres solteros. Eso es todo lo que son, y es todo lo que ellos se van a permitir ser.

Muchas veces esto los hace apegarse a sus hijos. No permitirán que crezcan porque ellos mismos son codependientes. Necesitan sentirse necesitados. Han depositado sobre sus hijos todas sus razones de existir, mientras estos crecen y son cada vez más independientes.

Sus expectativas se convierten en irreales, porque subconscientemente esperan que sus hijos maduros pongan sus vidas—incluyendo amistades, profesiones y matrimonios—en espera, y que estén con ellos para siempre. Cuando esto no sucede, no se sienten debidamente amados. Tristemente, han fallado al definir lo que es amor. Miden el amor en función de la autonegación. Es una postura depresiva para terminar sus vidas.

Entonces, se vuelven rencorosos contra los hijos, para quienes se sacrificaron a fin de educar, puesto que estos hijos no los quieren de la forma en que ellos lo desean. Esto suena disfuncional, ¿verdad? En un cierto grado, lo es; no está funcionando de la forma como se diseñó. Sus hijos fueron creados para dejarla o dejarlo a usted y unirse a alguien más. Ellos dejan para vivir: es el principio de las Escrituras.

> «Pero al principio de la creación, varón y hembra los hizo Dios. Por esto dejará el hombre a su padre y a su madre, y se unirá a su mujer, y los dos serán una sola carne; así que no son ya más dos, sino uno. Por tanto, lo que Dios juntó, no lo separe el hombre».
>
> —MARCOS 10:6–9

Sus hijos son asignados a usted para criarlos. La paternidad nunca significó propiedad, sólo administración. Por eso, cuando Ana oró y pidió por un hijo, ella le dijo al Señor que se lo regresaría. Esto es lo que significa paternidad: administración, cuidarlos y regresárselos a Dios. No son de su propiedad. Ellos tienen sus propias opiniones y personalidades. Usted ayuda a entrenarlos y a dirigir su entendimiento; disciplina y guía, pero nunca podrá limitar sus mentes.

Sus hijos son asignados a usted para criarlos. La paternidad nunca significó propiedad, sólo administración.

Es sabio y terapéutico el tomar un poco de tiempo para sí mismo, a fin de que en el proceso de educar a sus hijos no se enemiste con usted mismo. Es posible que se pierda parte de usted por sus responsabilidades. Estas no pueden convertirse en toda su vida, porque pronto usted no será necesario para hacer lo que ya hizo el año pasado en la vida de sus hijos.

> Querido Papá:
>
> Gracias por cargarme en tus faldas para poder ver el partido. Gracias por llevarme al festival y comprarme un sandwich. Oh, y gracias cuando me cargabas y me llevabas a través de la lluvia, porque yo tenía mucho frío. Has sido un gran padre. Nunca te olvidaré.
>
> Mi esposa, Suzy, y yo estábamos hablando de ti. Estábamos pensando en cómo estarías. Desde que terminamos el colegio y nos mudamos a Boston, no podemos verte muy seguido. Pero un día nos subiremos al carro y será una sorpresa para ti. Cuídate, Papá. Te amo.
>
> Tu hijo

Agradable carta, ¿verdad? Es agradable si usted ha preparado su mente para el día en que no será necesitado para hacer nada de lo que una vez era su descripción de trabajo. Si usted no se prepara, la misma carta será un recuerdo doloroso de que ellos han hecho lo que dice la Biblia que hicieran: dejar y unirse.

UN EJEMPLO BÍBLICO DE PADRES SOLTEROS

¿Está usted apartado de sus hijos?

Las mujeres, especialmente, necesitan escuchar esto, porque ellas son instintivamente maternales. Si estas mujeres estuvieran casadas, los buenos esposos les dirían: «Sal de la cocina, deja de lavar la ropa, siéntate aquí, y para de trabajar en la casa. Vamos a salir a cenar esta noche». Si usted no tiene esposo para sacarla de sus quehaceres, ¡salga por sí misma! De vez en cuando usted necesita decir: «Hoy deseo un descanso».

Jesús nos muestra la paternidad de un sólo padre. Él está siempre accesible pero no siempre disponible.

> «Pero se levantó una gran tempestad de viento, y echaba las olas en la barca, de tal manera que ya se anegaba. Y él estaba en la popa, durmiendo sobre un cabezal; y le despertaron, y le dijeron: Maestro, ¿no tienes cuidado que perecemos? Y levantándose, reprendió al viento, y dijo al mar: Calla, enmudece. Y cesó el viento, y se hizo grande bonanza. Y les dijo: ¿Por qué estáis así amedrentados? ¿Cómo no tenéis fe?».
>
> —Marcos 4:37–40

Entiendo que he tomado algo de libertad teológica al referirme a este texto como una ilustración de la paternidad soltera. Puede ser que esté forzándolo teológicamente, pero no filosóficamente.

Desde el punto de vista filosófico, Jesús es la persona sola a quien doce discípulos buscan para guía, provisión y sabiduría. Él está con ellos todo el tiempo, adiestrándolos y preparándolos para cuando Él no esté. Ellos son dependientes de Él para la mayoría de su sustento. Él está en el bote con ellos. Ellos están juntos. Jesús es la persona de quien dependen. En medio de su travesía, se presenta una tormenta.

Él estaba en el barco, pero la Biblia dice que no estaba disponible. De hecho, estaba en la parte posterior del barco, y cuando vino la tormenta estaba durmiendo. Parece ser que estuvo durmiendo por un buen rato, puesto que cuando ellos lo despertaron, pensaban que iban a perecer en la tormenta.

Jesús no los rechazó; Él estaba accesible, aunque no disponible para cada queja de sus hijos. Sabía que la fe de ellos necesitaba ser ejercitada resolviendo solos sus problemas.

La responsabilidad nunca se desarrollará si usted siempre está disponible y ellos nunca aprenden a tomar decisiones racionales por ellos mismos.

¿Les ha dado a sus hijos la oportunidad de actuar tal como les ha enseñado? Sé que algunas personas no están ni accesibles ni disponibles. Sus hijos son continuamente dejados para que crezcan solos. Otros están tan disponibles que nunca les dan a sus hijos la oportunidad de aprender ninguna clase de responsabilidad.

¿Cuánta responsabilidad pueden tener los hijos? Esto varía de niño en niño, de vecindario a vecindario. La responsabilidad nunca se desarrollará si usted siempre está disponible y ellos nunca aprenden a tomar decisiones racionales por ellos mismos.

Jesús estaba lo suficientemente cerca para ayudarlos, pero lo suficientemente lejos para permitirles la oportunidad de tomar sus decisiones. Noten la culpabilidad que ellos tratan de poner sobre Él: «¿No tienes cuidado que perecemos?». En el fondo, estaban diciendo: «Si realmente nos amaras, siempre estarías disponible».

Escuche amigo: nadie puede estar siempre disponible. Ni usted, ni yo, ni Jesús. Él siempre está accesible, pero si siempre estuviera dando vueltas por donde nosotros estamos, nunca aprenderíamos a buscar su rostro. Buscarlo a Él es el privilegio de la oración.

¿Se ha dado cuenta que hay veces que aun sus hijos necesitan descansar de usted, para ejercitar su enseñanza y el entrenamiento en una atmósfera controlada? Jesús estaba lo suficientemente cerca para controlarlo. Él habló a la tormenta y la deshizo, luego los reprendió preguntándoles: «¿Dónde está su fe?».

Cuando era niño, aprendí en las colinas del oeste de Virginia que si usted sube y baja por esas colinas en el verano, y tropieza con una serpiente bebé, debe tener cuidado. En algún lugar está la serpiente mamá. Puede ser que no esté disponible para que usted la vea, pero esté seguro de que ella está accesible.

Los pájaros dan a sus crías el espacio para aprender y desarrollarse. Las serpientes, los osos y otros animales también lo hacen. En efecto, toda la naturaleza lo hace. Sin embargo, muchos padres solteros se atemorizan por salir una noche y relajarse. Se sienten culpables.

No permita que los abuelos, padres o hijos la o lo hagan sentir culpable sólo porque usted está descansando un momento en el barco de la paternidad. Después de todo, la familia sólo visita el lugar donde usted vive a diario.

SE REQUIERE DE UN VECINDARIO PARA CRIAR A UN NIÑO

Los tiempos están cambiando. Nuestros padres vivían una vida diferente. Generalmente ellos tenían un nivel de estrés diferente. Muchos de nosotros fuimos criados en un ambiente donde todo el vecindario ayudaba a criar al niño. En efecto, teníamos barrios llenos de vecinos preocupados (algunas veces curiosos) quienes llamaban a nuestros padres si hacíamos alguna travesura. Ellos nos corregían, y a nosotros nunca se nos ocurría desafiar a ningún adulto. Seguramente, nos resentíamos con ellos, pero también los respetábamos.

¡Qué cambio se ve actualmente, con la relación fría y distante que existe entre las personas que viven cerca! No los llamo vecinos, ni son vecindarios. Son tanques elevados para colonias de personas, las cuales están empacadas, comprimidas y sobrecargadas por los desafíos de cada día.

No permita que los abuelos, padres o hijos
la o lo hagan sentir culpable sólo porque
usted está descansando un momento
en el barco de la paternidad.

¡En muchos casos, el concepto de vecindario se ha convertido en un tanque séptico! La actitud ha cambiado de un concepto de villa a uno individualista, donde cada uno adopta una actitud. Desde las junglas de concreto de los apartamentos de la ciudad, hasta las húmedas, oscuras, infestadas casas rodantes; hay una decadencia en los valores y en la compasión. Hasta la clase alta sufre de una fría actitud distante de indiferencia. Sé lo que es vivir en mejores vecindarios. De alguna forma, el vecindario es mejor, las condiciones son ciertamente más opulentas, pero la preocupación muchas veces no existe.

Todos estos factores se añaden al sentimiento de soledad del padre soltero; aun en un edificio de apartamentos lleno de gente todavía se siente solo. No hay peor soledad como la que se siente estando solo en medio de una multitud.

La apatía parece penetrar a nuestra sociedad. El empleador parece indiferente a los retos especiales que conlleva la paternidad soltera. Hay poca compasión por eventos o llamadas telefónicas del colegio, lo cual requiere que usted recoja al niño. El ejecutivo puede enviar a alguien, pero a menudo usted no tiene a quién.

Gradualmente las corrientes se están volteando. Más y más compañías grandes están proveyendo guarderías y otras facilidades que satisfagan las necesidades de los padres solteros. Usted debe encontrar maneras de mantenerse al corriente de las cosas que le harán la vida más fácil y la crianza de su hijo menos complicada.

Muchas veces tenemos la tendencia a hacer las cosas por costumbre y no investigamos periódicamente los servicios que pueden ser provistos para hacer este trabajo más fácil. Si va a tomar un tiempo para usted, debe hacer un esfuerzo bien instrumentado. Debe ser planeado e implementado de tal forma que le permita tener el cuidado óptimo de sus hijos, sin negarse a sí mismo.

ESTABLEZCA LÍMITES

«Corrige a tu hijo, y te dará descanso, y dará alegría a tu alma».

—Proverbios 29:17

Mientras estamos hablando sobre el descanso y el recobrar fuerzas, permítame interponer un pensamiento que puede ayudar a los padres jóvenes a descubrir un lugar de descanso en su propia casa. Permítame decir esto de un padre a otro.

Muchos padres no descansan porque no educaron bien a sus hijos. Yo sé; tengo cinco hijos y un horario muy demandante.

Sé que los niños son niños, pero también entiendo que si ellos están educados, no tienen que ser destructivos o egoístas. Usted debe enseñarles a respetar los derechos de los demás.

La Biblia dice que un hijo que es corregido le permitirá descansar. La implicación es que los niños a los que no se los corrige no permitirán que usted descanse. Cuando no han sido educados, su mal comportamiento se convierte en un alboroto alrededor de su cuello. No puede llevarlos a visitar a otras personas; otros no quieren cuidarlos porque son muy traviesos.

Esto no es realmente culpa de los niños. La educación debe venir desde temprano, desde muy temprano, si es que será efectiva. No estoy hablando de abuso infantil, el cual es censurable y repugnante. Pero debe comprender que la desatención del niño es mala. El descuidar la educación de sus hijos los convierte en inmanejables. Esto afecta su habilidad de ser educado en el colegio o corregido durante su vida.

Los límites son saludables. Cuando entendemos que no podemos hacer algo, también sabemos que somos amados; lo suficiente para ser educados. La educación es atención, una maravillosa atención hacia un niño, quien tratará de cruzar los límites para ver qué consigue afuera. Si usted no lo educa ahora, él le hará la vida miserable más adelante.

El descuidar la educación de sus hijos los convierte en inmanejables. Esto afecta su habilidad de ser educado en el colegio o corregido durante su vida.

Un niño de dos años sacándole la lengua y diciendo barbaridades parece simpático, pero espere a que tenga diecisiete y la (o lo) insulte como un estibador de puerto. Usted se preguntará por qué. Pensará: «Yo te amé. Te alimenté. Lavé tus ropas y te cuidé. ¿Por qué no me respetas?».

Comprenda que el respeto no es algo natural; es el resultado de la educación. El ser rebelde está en el corazón del niño. Esto no significa que no sea un buen niño, sólo que no está educado.

> «La necedad está ligada en el corazón del muchacho;
> mas la vara de la corrección la alejará de él».
> —Proverbios 22:15

Observe la frase «la alejará de él». Esto implica que la rebeldía no se irá por ella misma. Cuando usted aleja algo, lo esta forzando. Por favor, entienda que no puede esperar hasta que su hijos estén listos para ir a la universidad para alejar de ellos la rebeldía. Para este tiempo, ya serán inflexibles con los límites que usted no ha establecido. Debe corregirse temprano para que sea efectivo.

El castigo no siempre tiene que ser físico para ser efectivo. Su estilo de paternidad debe ser el del líder espiritual. Eso es lo correcto. Cada niño es diferente; usted y el Señor deben comunicarse para conseguir la correcta combinación para llegar a este niño en particular. Para algunos una severa llamada de atención es efectiva, mientras que otros ni se inmutan cuando son regañados. Si el niño tiene una crisis por el regaño severo, no es necesario el castigo corporal.

Una advertencia: lo que nunca es efectivo es enfurecerse y arrojar su frustración sobre sus hijos. Esto es injusto y destructivo. Sólo les enseña que son inútiles, o los torna violentos. De una forma u otra, usted los enviará a la sociedad lisiados, por las manos de un padre carnicero que no usó la sabiduría. Cálmese. Nunca, nunca castigue a su hijo mientras esté furioso. Esto es abuso infantil. El abuso infantil es ilegal e inmoral. Además, no es efectivo.

Usted no los puede castigar por todo lo que hacen mal. Pero tenga cuidado de no usar tanta gracia que ellos sean como los hombres en Judá, quienes convirtieron la gracia de Dios en lascivia. El término *lascivia* significa «propensión a la lujuria». No hay límites; las paredes se han caído y sucede cualquier cosa. Necesitan límites; estos son saludables y efectivos.

Ellos necesitan un tiempo para dormir. Así es; no pueden permanecer despiertos toda la noche y luego esperar que funcionen bien en la escuela. Si usted está sola, invite a una amiga y mande a sus hijos a la cama. Ellos son niños y necesitan límites.

¿Quién va a querer una casa sin paredes? Las paredes nos dan seguridad y protección. Nadie quiere vivir en un garaje con todos los costados abiertos, donde se puede entrar o salir cuando quieran. Educar a sus hijos sin disciplina es hacerlos como un garaje abierto. Ellos son lascivos, no tienen límites y son una ciudad sin paredes. No importa que usted no tenga tiempo. Si permanecen levantados hasta tarde en la noche, se levantan tarde en la mañana.

No hay estructura. Ni su vida está estructurada. Cuando usted tiene una vida estructurada, sus hijos deben tener una igual. De otra forma, la falta de disciplina hará que usted llegue tarde al trabajo, arruine su relación con sus amigos y admiradores, y, lo peor, le robará el descanso que necesita para continuar.

TRANQUILIDAD DEL ALMA

Ahora, si nosotros logramos un pequeño tiempo libre, la pregunta es: ¿qué debemos hacer con este tiempo? Por ejemplo, descansar es llegar a la casa al anochecer, poner música suave y bañarse en una tina con burbujas y agua caliente. Si puede, trate de descansar su mente, permitiendo que el hormigueo que se siente con el masaje del agua caliente quite el estrés de su cuerpo, un lujo preparado especialmente para el alma. Otros pueden escoger leer un libro o sólo cerrar los ojos y dejar que la música llene ese momento.

Esta clase de tranquilidad no necesita ser costosa o prolongada. Puede ser un breve interludio de recuperación. Todos necesitamos un «sabático» en nuestras vidas, un sabático que no se preste a responsabilidades. No contestar a nadie. Este es un momento completamente «nuestro».

Para algunos la tranquilidad es definida como salir un día o dos, al romper el alba, con algunas cañas de pescar, escuchar los sonidos de la naturaleza al bostezar y despertar en la mañana. Escogen un lugar que esté rodeado de montañas y fuentes de agua fresca, donde se esconde una profunda y total sublimidad. Sí, hay un lugar de retiro escondido en los bosques, donde las gotas del rocío de la tranquilidad son tan serenas que los problemas se disipan en la fragancia de ese momento.

En este lugar, si pesca o no algún pescado no es crucial. Es un asunto de deambular y escapar de pensamientos frívolos, mientras es renovado en la presencia del Señor. No importa cómo usted diseñe el descanso; lo importante es que lo tenga.

DESCANSE EN ÉL

Una de las definiciones en el diccionario para cansancio es: «Tener exhausto el sentido del placer». Esto significa que cuando está cansado, no tiene sentido del placer. Cuando estamos cansados gozamos menos de las cosas de la vida, menos de las relaciones, de las personas y hasta de nuestros hijos.

Si acostumbramos a nuestros hijos a
creer que no tenemos necesidades, que
absolutamente todo se reduce a sus necesidades
y que nada es más importante, entonces les
estamos enseñando a ser egocéntricos.

Si no descansa, se convierte tan letárgico e indiferente que siente poco placer de su propia vida. Esto le permitirá reír en medio de una multitud, pero será infeliz en su corazón. Usted necesita descanso. No, usted no se puede retirar, pero puede tomar unas mini vacaciones.

Muchas veces nuestras propias acciones muestran a los demás que no somos importantes. Servimos a todos los que tenemos alrededor, y ellos, por nuestro comportamiento, aprenden gradualmente que no tenemos necesidades. Esto no es verdad; es una ilusión. Aun la persona más privilegiada tiene necesidades.

Si acostumbramos a nuestros hijos a creer que no tenemos necesidades, que absolutamente todo se reduce a sus necesidades y que nada es más importante, entonces les estamos enseñando a ser egocéntricos. Por lo tanto, tome un tiempo para usted. Cuando esté sanada, sanado, podrá darles más, sin sentir que el placer se ha ido de su vida.

Puedo escuchar algunas madres amorosas, diciendo: «Oh,

usted no entiende que mis hijos son mi gozo». Sí que entiendo. Sé que ellos llenan una necesidad en su vida. También entiendo que ellos no llenan todas sus necesidades. Conforme usted avanza y crece, hay otras necesidades que todos tenemos, como la de ser afirmados, apreciados, y la necesidad de recuperarnos.

Finalmente, entiendo que muy a menudo los padres solteros hacen de sus hijos toda su vida. Luego, cuando el hijo crece y se independiza, se sienten abandonados. No inicie esto. Ámelos, edúquelos, apóyelos, pero tome un tiempo para usted.

Quiero cambiar de tema, pero antes de hacerlo, por favor, permítame hablar de esa área en usted que se esconde detrás de sus responsabilidades. Permítame ministrar esa área en su corazón que aprecia los valores y talentos en otros, sin reconocer los suyos propios. Es muy importante que haga un balance en su corazón. Estoy orando por usted para que comparta su vida con sus hijos, pero también para que comparta algo de su vida con usted misma, con usted mismo. Si sus hijos realmente la o lo aman, y estoy seguro que así es, ellos estarán contentos de verla o verlo feliz.

También, basta de esconderse detrás del trabajo. Estoy orando para que sea usted quien toma control de un horario que está tratando de manejarlo todo. Quiero que comprenda que Dios cuida por todas sus necesidades. Él le ha dado una vida; es suya para gozarla mientras lo sirve a Él. Lo que haga con esa vida es el resultado de sus decisiones. Por favor, inclúyase a usted también en sus planes. Salga una noche, vaya a caminar por el río, siéntese en las bancas y relájese. Esto no toma mucho tiempo, pero es muy importante.

«En lugares de delicados pastos me hará descansar;
junto a aguas de reposo me pastoreará».

—SALMO 23:2–3

David le dice a Dios que lo haga descansar. Esto significa literalmente que Dios lo hizo «reclinarse como un animal recostado». Esto suena bien. El resultado final es: «Él restauró mi alma».

Tengo interés sobre el proceso de hacer que descanse. Como le dije anteriormente, no nos gusta que «nos manden» a descansar. La noche viene con aflicciones. Cuando era pequeño, mi hermano solía luchar conmigo, me tiraba al piso y me mantenía acostado. Es mucho mejor descansar por su propia voluntad.

Si usted está cansado y exhausto, de tal forma que el dormir no le da alivio, si va a la cama con cansancio y se despierta con cansancio, entonces debe entender que usted no necesita sólo dormir, sino descansar.

Algunas veces descansar es hacer un cambio. Es reclinarse y renovar su mente. Pare de pensar demasiado, de tener los mismos pensamientos día tras día; sólo descanse. Descanse en el Señor. Su gran gozo es darle lo que usted necesita. Descanse en el hecho de que Dios está con usted. Este es el día que el Señor ha creado. Él lo hizo, pero usted es quien debe gozarse en lo que Él hizo y estar contento por ello.

Jesús dijo: «Yo te haré descansar». En el Nuevo Testamento dice: «Yo te lo daré». En el Antiguo Testamento, David dice: «Él me hace descansar». ¿Cuál preferiría usted: que le den descanso o que lo hagan acostarse? Haga la decisión correcta mientras pueda. En su lugar, yo escogería aceptar el descanso que es otorgado, en vez de encontrarme forzado en una posición agachada, como un animal obligado a sentarse. ¡Vamos, tómese un poco de tiempo para usted y descanse! Descanse en Él.

Puede ser que usted esté tan cansado que no pueda descansar. No puede descansar en la casa ni en el trabajo. Puede ser que no encuentre descanso ni en la iglesia. Hay momentos que no puede descansar cuando duerme. Dios dice que si usted viene a Él—en vez de tratar de ser Él—lo que no puede encontrar fuera de Él es lo que sólo Él le da.

Mi amigo, mi amiga, usted a dado mucho a los demás; ahora hay algo que Dios quiere darle. Él le dará descanso.

> «Venid a mí todos los que estáis trabajados y cargados,
> y yo os haré descansar».
>
> —Mateo 11:28

Preguntas de discusión

1. ¿Se ha sentido agotado a causa de todas las demandas que le consumen el tiempo como padre(madre) soltero(a)? El autor nos enseña que el manejo del tiempo es una de las mejores herramientas que podemos aprender a usar. En las líneas provistas abajo, describa todo su día típico, incluyendo el trabajo en casa.

6:00 a. m.–9:00 a. m.

_____

_____

9:00 a. m.–12:00 p. m.

_____

_____

12:00 a. m.–3:00 p. m.

_____

_____

3:00 p. m.–8:00 p. m.

_____

_____

8:00 p. m.–12:00 p. m.

_____

_____

2. El autor habla acerca de la importancia de aprender a tomar pequeños "sabáticos" (tiempo separado para usted o la familia). Revise su día típico según lo que mencionó anteriormente. Determine dónde puede insertar estos pequeños "sabáticos" y determine tomarlos. Especifique qué hará durante esos momentos privados.

Sabático 1:

_____

Sabático 2:

_____

Sabático 3:

_____

Sabático 4:

_____

Sabático 5:

_____

3. Es muy fácil "tener" un programa cargado que lo mantenga tan ocupado que no puede tomar el tiempo necesario para reflexionar sobre su vida. En esos tiempos de reflexión se debe tratar con las raíces negativas que necesitan solucionarse y convertirse en escalones firmes para su crecimiento. ¿Con qué raíces negativas necesita trabajar?

_____

_____

_____

_____

_____

4. Programe un tiempo específico y una manera para tratar
   con esas raíces. Quizás necesite la consejería de una persona
   de madurez cristiana. Quizás sólo necesita darse un tiempo
   para pensar acerca de esas raíces y determinar un ajuste necesario. En las siguientes líneas, explique cómo lo hará.

_____

_____

_____

_____

_____

_____

_____

_____

ACTIVIDADES PARA ORDENAR SU DESTINO
—"SABÁTICOS" PARA MIEMBROS DE LA FAMILIA—

Materiales: Papel, lápices.

Reúna cada miembro de la familia en un círculo. Explique que quiere hablar sobre cómo ayudar a todos para que tomen un tiempo donde tengan la oportunidad de hacer algo que disfruten realmente.

Permita el tiempo suficiente para que cada miembro de la familia conteste esta pregunta: "Si tuviera la oportunidad de escoger una actividad de entretenimiento para usted y para compartir con toda la familia (sin gastar mucho dinero), ¿qué actividad escogería?". Hablen de las sugerencias que se dan y sobre otras actividades alternas que sí envuelven un gasto de más dinero o envuelve una preparación anticipada.

Luego permita que cada miembro de la familia escriba en el papel la actividad que escogió hacer. Tome tiempo para añadir algunos detalles necesarios, como los materiales que se necesitan, información adicional sobre la actividad y cómo involucrar a toda la familia. Cuando la familia entera esté de acuerdo en algunas de las actividades presentadas por los miembros, escriba en un calendario el día en que ese miembro desea reunir a toda la familia para hacer la actividad. (Nota: Puede ser tan simple como ir al parque de picnic y barbacoa).

Asegúrese de que programe las actividades de manera que no las tenga todas agrupadas en un mes. Una vez completen la primera ronda de actividades, reúna nuevamente a toda la familia para planear otra serie de salidas y actividades familiares.

ORACIÓN

Padre, te pido me perdones por permitir que lo ocupado de nuestras vidas nos haya privado a mis hijos y a mí de tomar pequeños "sabáticos" para refrescar nuestros espíritus y renovar nuestras almas. Enséñanos a cuidar de nosotros mismos. Ayúdame a entender que no tengo que hacerlo todo, que no tengo que ser papá y mamá para mis hijos. Ayúdame a ver la importancia que tiene la gente y las relaciones por encima del trabajo y las cosas que necesitan hacerse.

Padre, ha habido momentos en que una gran tormenta ha soplado sobre mi vida, y las olas se han levantado para abatirla de tal manera que he pensado que podría hundirme. Cuando vengan esas tormentas, ayúdame a recordar que tú reprenderás los vientos y le dirás al mar, "Calla, enmudece". Dame la fe para confiar en ti y para no temer.

Enséñame a mí y a mis hijos, que "en lugares de delicados pastos [tú] me harás descansar; junto a aguas de reposo [tú] me pastorearás. [Tú] confortarás mi alma" (Sal. 23:2-3).

Ayúdanos a recordar que "largura de días y años de vida y paz" serán añadidos a mi familia (Prov. 3:2). Yo sé que "Jehová será [nuestra] confianza" (Prov. 3:26). En el nombre de Jesús, amén.

CAPÍTULO 9

¿TE CASARÁS TAMBIÉN CON MIS HIJOS?

LA MÚSICA ROMÁNTICA llena la capilla. En el aire se siente la fragancia de frescas flores. La música invade el ambiente desde un órgano en la luz de la mañana. Se escuchan murmullos de viejos amigos que no se han visto por un buen tiempo. Los caballeros están vestidos con ropas almidonadas. Las damas con suaves colores de flores primaverales. El romance reverbera en la habitación, hormigueando los sentidos como un vino fino en un vaso helado.

Es el momento tan esperado por esa pareja. Es el momento en que demostrarán públicamente lo que ellos se han prometido en privado. Sus corazones ahora muestran lo que ya se sabía que había entre ellos hace un tiempo. Ellos se van a casar.

Esta es la realización de los sueños de algunas muchachas. Desde los días de Barbie y Ken, ella tenía el sueño de un caballero galante que iluminaba la magnitud de un momento. Ni las sombras más finas ni los delineadores de ojos podrían decorar sus ojos más hermosamente que el destello de expectación que brillan como estrellas en la noche. Ella está inmersa en la sensación de un amor pasado.

A la distancia se escucha el sonido de vasos tintineando y el movimiento de las bandejas, mientras el cocinero prepara sus delicias culinarias. ¡Este es el día! En algún lugar de su mente ella vuelve a traer un pensamiento. Aparece una breve arruga en su frente. Se pregunta: *«¿Funcionará?» «¿El podrá aceptar a mi hijo?» «Yo sé que él me ama, pero ¿podrá amar a mi hijo de tres años?».*

Sería diferente si sus hijos estuvieran grandes y se hubieran ido. Pero no, estos son niños que necesitan la mano firme de un padre amoroso. No sólo la mano firme de un padre, sino la mano firme de uno cariñoso.

Las damas ya han empezado su recorrido. Las madres de la novia y el novio se han sentado, el solista ha estado cantando. La novia está esperando en el exterior, las manos temblando, el *bouquet* agitándose. Este es el momento. Pequeños pétalos de rosas son arrojadas por alguien cuyas pequeñas manos le recuerdan las de su hijo.

El novio está parado junto al pastor. Él está elegante y almidonado; nunca ha lucido tan galante. Parece querer llevarse a la novia sin siquiera saludar.

Pero esto no es tan simple, ¿verdad? Cuando ellos salgan de la boda, habrá alguien más que la pareja en el automóvil. Él no puede llevársela y dejar a su hijo. ¿Su calor se extiende más allá de la fragancia del perfume de ella y llega a abrazar a su hijo? ¿Hay amor en sus ojos por el hijo que él está asumiendo?

Quizás deberíamos cambiar un poco la ceremonia. Quizás la novia debiera caminar hacia el altar con su hijo. Sí, cuando ella camine por el pasillo debe ir con su hijo al lado.

¿Cómo puedes amarme y no amar lo que es de mi propia carne? Esta pregunta necesita ser planteada mucho antes de la ceremonia de la boda. Quizás debamos hablar sobre los padres solteros que están por casarse nuevamente.

"¿Tomas a esta mujer y a sus hijos para ser tu familia legítima?"

Sí; el casarse o no, siempre es una decisión difícil. Es más difícil si está tratando de escoger un cónyuge para usted y un compañero para sus hijos. Esto es cierto aun si usted es un hombre solo que está educando a sus hijos. Solamente porque ella prometa ser una maravillosa esposa, una gran cocinera, una exitosa mujer de negocios y una amante ardiente, no significa que está preparada para ser una gran madre. Usted debe adoptar una regla: «Casarse conmigo es casarse con mis circunstancias y mis hijos».

Como pastor, muchas veces he querido cambiar la ceremonia, para decir: «¿Tomas a esta mujer y a sus hijos para ser tu familia?». Esta es la pregunta que necesitamos escuchar, y la hago.

He visto muchas parejas que se unen como si ellos hubieran sido unidos por el mismo Dios, pero no han discutido sobre los hijos. No conversaron sobre su fe o sobre cómo difieren en la forma de educarlos. Estas diferencias no aparecerán en la cama marital. Pero, Dios mío, ¡sí a la mañana siguiente!

¿Qué pasa cuando él envía a sus hijos a la cama sin comer? Esto no es necesariamente un problema si ambos acuerdan este método de disciplina. Pero, ¿que pasa si usted ve esto como un abuso y él lo ve como efectivo? Sorpresivamente, sus instintos maternales afloran y hace la guerra con su atracción femenina.

Debe leer las letras pequeñas antes de firmar un contrato. ¿No discutieron estos asuntos? ¿Discutieron a qué hora piensan que los niños deben ir a la cama? ¿Notó si él abraza al bebé tan fuertemente como la abraza a usted?

Si usted es un hombre, ¿verificó si le importa darse a sí

misma a ellos? ¿Es la clase de mujer que corre para asistir a una reunión de padres de familia después del trabajo, sin quejarse? ¿Está genuinamente interesada en sus hijos o sólo en usted? ¿Los niños se sienten bien con ella? Ellos son muy sensitivos y pueden discernir fácilmente cuando alguien los quiere o no. ¿No sería terrible forzarlos de venir de un hogar destruido a uno de abuso?

Ellos no tienen en quién confiar, excepto el padre o la madre con quien están vinculados. ¿Los ha protegido? ¿O está contento de tener un amigo al que le ha ofrecido en el altar la seguridad y felicidad de sus hijos?

Cuando usted trae hijos al matrimonio se deben confrontar consideraciones especiales.

El verdadero asunto es: ¿cree que Dios le enviaría a alguien que no encajara con su situación? ¿No sabe Dios que usted tiene hijos? ¿Él realmente le enviaría a alguien que no le gustan los niños? Por supuesto que no. Así que, ¿quién es ese que sostiene su mano, mientras que pellizca a su hijos?

No quiero que sus sueños se vuelven una pesadilla. Cuando usted trae hijos al matrimonio se deben confrontar consideraciones especiales. Si es la pareja correcta, puede ser una respuesta a las oraciones. Si no lo es, será una píldora amarga con un resabio prolongado.

Presionemos el botón de retroceso de esta maravillosa boda, y examinemos algunas preguntas y asuntos que deben tomarse en cuenta antes de contratar el servicio de la comida y las flores. Asegu

émonos de que quien pronto será su cónyuge también va a ser un gran padre; que la mujer que tiene esa maravillosa figura de modelo es capaz también de mezclar cereales, ayudar con la tarea de la escuela y lavar las camisas del pequeño Robertito. ¿Usted ha considerado la realidad o sólo el romance?

TOME EL EXAMEN "ACEPTO"

Quiero darle un pequeño examen que lo ayudará a determinar algunos puntos que necesitan ser resueltos por adelantado. Dependiendo de sus respuestas a estas preguntas, usted debe o no proceder con su línea de acción. Espero que pueda responder a ellas honestamente, porque la vida de sus hijos, como la suya, dependen de la validez de sus respuestas a estos puntos.

Las siguientes son solamente unas cuantas preguntas que ayudarán a evitar desilusiones futuras:

- ¿Se siente lo suficientemente cómodo para compartir la autoridad y disciplina de sus hijos con su futuro cónyuge? ¿O va a llegar a la mitad del camino y empezar a decir: «Un momento, este es mi hijo»?

- ¿Están de acuerdo tanto en la disciplina como en los privilegios?

- ¿Quién va a administrar el castigo, y de qué clase será?

- ¿Han discutido sobre las técnicas de educación?

- ¿Tienen la misma escala de valores?

- ¿Son los estudios superiores del niño una prioridad para ambos?

- ¿A qué edad piensan que es bueno que el niño comience a tener citas con muchachas?

- ¿Puede estar tranquila cuando sus hijos y su futuro esposo estén juntos y solos?

- Cuando su futuro cónyuge y el niño salen a pasear solos, ¿funciona bien, o el niño parece distante y forzado?

EL VÍNCULO CON LOS NIÑOS

¿Cree usted que ha compartido suficiente tiempo entre su futura pareja y sus hijos para que exista un vínculo entre ellos? Le advierto que el vínculo no puede ser obligado. Usted no puede forzarlos a tenerlo. Es un asunto de mucha oración.

Sé que podemos fusionar dos plantas, pero solo Dios puede hacer que ellas se vinculen. Esto tiene que suceder en forma natural. Si no está sucediendo, por favor, espere. No se case con alguien y luego piense que lo cambiará más adelante. Esto generalmente no resulta y, además, no es justo; especialmente si su pareja fue honesta con usted y le dijo con anticipación sus debilidades. ¡Usted sabía desde el comienzo, cuando iba caminando por el pasillo o esperaba en el altar, que iba a dar su consentimiento y afirmación a lo que ya sabía!

Cuando da a su futura pareja y a sus hijos tiempo para que se vinculen, es importante que esta relación no sólo suceda cuando usted está cerca. Muchas veces insistirá tanto para que esto funcione que se cruzará en el camino. Si la relación es real, debe funcionar cuando usted no está alrededor forzándola. Son ellos quienes deben relacionarse. Usted ya lo está. Pero si su futuro compañero va a estar ahí en la casa, él o ella deben vincularse también con sus hijos o estará siempre con intranquilidad sobre sus acciones y actitudes hacia ellos.

El respeto a sus hijos durante el proceso

Respete a sus hijos, permitiéndoles que le hablen sobre su pareja sin tratar de manipular su opinión. Sí, usted puede dominarlos e intimidarlos con el silencio, pero sabe, tan bien como yo, que las opiniones no desaparecen con la presión ni por el temor al desprecio; sólo se esconden.

Creo que mi creatividad como hombre es el resultado de haber sido educado por una madre que respetaba mi opinión. Haciendo eso, me enseñó a respetar mis propias ideas. ¡Que bendición ha sido en mi vida adulta tener la saludable habilidad de evaluar las cosas y tomar decisiones, sin perder la confianza en mi propia opinión!

Los sentimientos son importantes. Nos ayudan, tal como los instintos ayudan a los animales a sobrevivir en la selva. Por lo tanto, permítales expresarse. Ellos pueden cambiar su opinión. Todos lo hacemos; pero, por favor, permítales expresarla en una forma respetuosa.

¿Alguna vez alguien ha tratado de que usted fuera alguien o algo que a usted no le place? Usted puede sonreír, pero en su corazón todavía está escéptico. ¿Sus hijos están confortables con su elección? Sé que es su problema, pero ellos también tienen que vivir con la elección que usted haga.

Ser un niño algo es muy vulnerable. ¡Es como si usted debiera soportar la política, y no le fuera permitido votar! Por lo tanto, no es bueno tratar de forzarlos a amar a alguien.

También debe asegurarse de que su futura pareja respeta a sus hijos. Debe darse cuenta que nuestras percepciones a menudo están influenciadas por nuestras posiciones. Muchas veces pensamos que una persona es buena por el tratamiento que tiene con nosotros. Lo que debemos entender es que ellos no pueden tratar a nuestros hijos de la misma forma como nos tratan a nosotros.

Por lo tanto, permítales expresarse. Ellos pueden cambiar su opinión. Todos lo hacemos; pero, por favor, permítales expresarla en una forma respetuosa.

INTERÉS POR SUS HIJOS

He conocido muchos padres que descartan las objeciones de sus hijos como si fueran simples «cosas de niños». Verdaderamente pueden serlo, pero debe examinar el asunto con objetividad. Porque, a decir verdad, las personas nos gustan o nos disgustan en base a la forma en que nos tratan.

Le debo prevenir que observe también a aquellos que pueden intimar mucho con sus hijos. ¿Pasan más tiempo con sus hijos que con usted? ¿Su personalidad parece ser aniñada o vergonzosa? ¿Se sienten incómodos en reuniones de adultos, pero muy confortables con los niños? ¿Ha notado que se apartan para estar en situaciones íntimas con sus hijos, como, por ejemplo, bañarlos, masajearlos?

Ninguna de estas cosas son significativas, pero si ellas están sucediendo, usted debe investigar un poco más. ¿Está el nuevo padre tratando de estar a solas con un niño que no quiere ir con él o ella? ¿Su hijo se ha puesto malhumorado, ha dejado de comer o está alejado, o depresivo?

No me gusta traer este asunto. ¡Es tan increíble...! Usted, como yo, probablemente piensa que es tan inverosímil aun para mencionarlo. «Esto sólo sucede en la televisión; lo pasan en el noticiero de las seis». No; esto es cierto, el abuso sexual infantil ha llegado a proporciones epidémicas en este país. La iglesia ha empezado a hablar de estos temas porque están sucediendo.

Algunos de ustedes saben lo que es ser tocado o acariciado por un adulto cuando era niño. Cuando esto sucede, puede convertirse fácilmente en paranoico y ultrasensitivo. Es fácil pensar lo peor, porque esta clase de sufrimiento es muy real para usted, pero le crea un balance. Por favor, no sospeche de todo el que toca a su hijo. La o lo animo a que no acuse a nadie sin evidencia. Usted debe ser sabio.

El abuso sexual infantil ha llegado a proporciones epidémicas en este país. La iglesia ha empezado a hablar de estos temas porque están sucediendo.

Del otro lado, por favor, no piense que esto no sucede, especialmente con los padrastros y las madrastras, quienes no siempre tienen una sana actitud paternal para el niño. La mayoría de las madrastras y los padrastros son héroes maravillosos, quienes galantemente mejoran con amor y afecto los hogares destruidos y los corazones de aquellos que han sido víctimas. Ellos son hombres y mujeres de excelencia, cuyas actitudes deben ser elogiadas.

En esos terribles casos en los cuales una persona está todavía luchando con esa clase de deficiencia en su carácter, debemos ser capaces de ministrarlo en una forma preventiva, para salvar la calidad de su vida y la de sus hijos.

Sé que usted dice que esto no puede suceder en la iglesia. Esto puede suceder en cualquier parte. La iglesia atrae a personas heridas. Atraemos aquellas personas que tienen cicatrices que necesitan ser curadas. Dios las sana. Él es capaz de sanarlas de sus heridas del pasado. Por favor, espere hasta que la sanidad termine, antes de llevarlos a una situación que puede poner en peligro la calidad de sus vidas.

Sangro de dolor por los padres y madres que han sufrido la pesadilla de un compañero que ha abusado de su hijo, sexual, física o emocionalmente. Sangro aun más por el niño.

La tragedia ocurre cuando el niño se aísla con el problema, porque un padre no cree en lo que él dice. Los niños mienten. Sin embargo, miles de niños en este país no están mintiendo. Ellos son los que sufren en silencio y gritan en la noche a oídos que no los escuchan.

Asegúrese de no estar inaccesible y de no perder contacto con la realidad, porque ha estado solo o sola, y finalmente encontró a alguien. Asegúrese de que alguien se interese en usted y luego tenga afecto por los niños. Usted debe protegerlos. Su felicidad y realización están siendo amenazadas seriamente si en la noche las puertas crujen y en la mañana encuentra a los pequeños llorosos. Lágrimas de vergüenza silenciosas están atrapadas detrás de los grandes ojos de los niños, quienes tienen algo que necesitan decir, pero no confían en nadie a quién decírselo.

La mayoría de los hombres y mujeres en este mundo nunca pensarían en abusar de un niño. Aun así se debe tener un grado de precaución. El abuso y el descuido son realidades dolorosas. He aconsejado a fríos corazones descompuestos que crecieron en hogares donde estos asuntos no fueron discutidos.

Ellos son adultos fríos, con rigidez cadavérica, quienes todavía están lidiando con problemas de la niñez.

Mientras luchamos para sanarlos, pienso que es sabio poner algún esfuerzo para la prevención. Mejor uso mi ministerio para prevenir estos abusos a que vengan más tarde y traten de poner bálsamo en los corazones de los niños que tienen amargura de la vida, porque su mamá o su papá se casaron con alguien que no se casó con ellos.

En resumen, los niños en esta situación sienten como si han perdido a ambos padres. Perdieron el que tenían y al que nunca conocieron. Esto no tiene que ser así si el padre soltero respeta al niño en el proceso del plan. Ellos lo respetarán a usted, y usted se respetará a sí mismo, y se puede prevenir una tragedia antes de que empiece.

Por lo tanto, mientras está ahí parado con su traje de gala o vestido de novia, cualquiera sea el caso, oliendo la fragancia de las rosas y escuchando el tintineo de las copas de cristal, entienda que cuando el día de la boda termine, queda el resto de la semana con el cual luchar. Estará lleno de sonidos de bicicletas y juegos de Nintendo. Mire a lo más profundo de los ojos de su prometido. Busque la paz de un nuevo padre o madre que se ajuste perfectamente a la vida de sus hijos. Muchas mujeres y hombres gozan de la pareja y de los hijos. Encuentre uno así.

El vínculo entre los hijos y el padrastro o madrastra es importante. Es tan esencial como el aire que respiramos. Ellos no pueden ver a los niños simplemente como los hijos que usted tiene. Deben verlos como una obligación de producir excelencia. Estoy contento por aquellos que escogen entrar al cuadrilátero del matrimonio. Es maravilloso para aquellos que tienen esa aspiración. Conforme nos ponemos más viejos, nos es más difícil tolerar los cambios. Como un árbol viejo de roble, las ramas se vuelven menos flexibles con el tiempo.

Asegúrese de que eso es lo que usted quiere. Si lo es, felicitaciones. El matrimonio es algo maravilloso. Pero cuando usted se arrodilla sobre una sola rodilla y se hace todas estas preguntas importantes, recuerde bajar la cabeza con profunda sinceridad y mírela a los ojos. Pregúntele honesta y francamente: «Estás interesada en casarte conmigo, pero ¿te casarías con mis hijos?».

Si usted es la de la mano de seda que es sostenida por la del hombre que siempre ha deseado que aparezca en su vida, antes de reír sofocada o con disimulo y prometer su futuro, siempre, pero siempre, pregúntele: «Sí, pero ¿te casarías con mis hijos?».

PREGUNTAS DE DISCUSIÓN

1. El decidir si debe casarse o no siempre es una decisión difícil. Este capítulo incluye una prueba corta para ayudarnos a decidir con sabiduría si debemos casarnos nuevamente. Vamos a tomar esta prueba ahora. Conteste cada pregunta en la línea que se provee.

¿Se siente usted suficientemente cómodo para compartir la autoridad y disciplina de sus hijos con la persona a casarse? ¿O va a decir "Espera un momento, este es mi hijo(a)"?

_____

¿Cree usted en la disciplina tanto como en los privilegios?

_____

¿Quién administrará el castigo y qué clase de castigo será?

_____

¿Ha hablado sobre la crianza de los niños con la persona que se quiere casar?

_____

¿Tienen los mismos sistemas de valores?

_____

¿Es el colegio de los niños la prioridad para ambos?

_____

¿Cuál edad es la que usted considera apropiada para sus hijos tener citas con amistades?

¿Se siente tranquilo cuando sus hijos y la persona que intenta casarse están juntos a solas?

_____

Cuando esta persona lleva a su hijo(a) a pasear juntos, ¿se llevan bien? ¿O se muestra el niño distante y forzado?

_____

2. Mencione las características que le gustaría que su esposo (o esposa) tuviera para que sea compatible con usted.

_____

_____

_____

3. Ahora mencione las características que le gustaría que su esposo (o esposa) tuviera para que sea un maravilloso padrastro (o madrastra) para sus hijos.

_____

_____

ACTIVIDADES PARA ORDENAR SU DESTINO
—FIGURAS FAMILIARES DE ARCILLA DE HARINA Y SAL—

Materiales: Harina, sal, agua, colorante de alimentos, envases plásticos (o bolsas plásticas), papel de cera, papel de aluminio, materiales de limpieza, el árbol del destino (del capítulo uno).

Materiales opcionales: Pintura, pinceles, delantal (o camisetas viejas).

Prepare la mezcla de arcilla de harina y sal con anterioridad a la actividad usando la siguiente receta: 4 tazas de harina, 1 taza de sal, 1½ tazas de agua. Mezcle la harina y la sal. Añada agua. Amase como si estuviera preparando la harina para pan. Mientras más amase la harina, mejor será la consistencia. Almacene en un envase plástico o en bolsas plásticas. La arcilla puede tintarse con los colorantes de alimentos si lo desea.

Durante la actividad, dé a cada miembro de su familia un pedazo de papel de cera para trabajar y un pedazo de aluminio para el proyecto terminado.

Avise a los miembros que usted desea que cada uno de ellos haga su propia figura, que muestre cómo ellos piensan que se ven. No sólo debe representar sus ropas, pelo y demás, sino también cómo ellos sienten y sus expresiones. Permita que cada uno de ellos explique su figura a los demás miembros de su familia.

Estas imágenes pueden ser horneadas a 350 grados hasta que se doren. Con un rociador de agua, rócíelas bien antes de ponerlas en el horno. Si lo desea, cada uno puede pintar su figura. Cuando todas las figuras de arcilla de harina estén completamente listas, cuélguelas del árbol del destino que su familia preparó durante la actividad familiar del capítulo uno.

ORACIÓN

Escriba su propia oración en las siguientes líneas. Haga todo lo posible para expresar el deseo de su corazón por la pareja idónea y su anhelo de que él o ella sea el maravilloso cónyuge y padre(madre) que su hogar necesita. Incluya su compromiso de esperar por esa persona y su deseo de saber—sin lugar a dudas—que esa es la que Dios tiene para usted.

_____

_____

_____

_____

_____

_____

_____

_____

_____

_____

_____

_____

_____

_____

_____

_____

_____

_____

_____

CAPÍTULO 10

PADRES FANTASMAS

A CIERTOS PADRES LOS llamo «padres fantasmas» porque atormentan a sus seres queridos que viven en la casa. Sí, creo que son reales, pero usted nunca se dará cuenta de ello. Son los que dejan toda la responsabilidad de educar a los hijos a sus esposos o esposas, mientras ellos llegan inesperadamente, estallan y desaparecen. Son fantasmas. El crujir de las promesas oxidadas llena el ambiente con el sonido siniestro de esperanzas desaparecidas; esperanzas que se han fermentado en la olla de las frustraciones, esperando que las promesas se cumplieran.

Muchos padres fantasmas son hombres, pero hay algunos que son mujeres. El género no siempre garantiza la obligación. Estas no son parejas divorciadas ni separadas. No son padres solteros. Están casados pero apartados. Algunos lo están por el dinero, otros por aventuras amorosas. Algunos están separados por la mentalidad de ver al niño como si fuera inferior a ellos. Estos personajes escuchan la música de la paternidad pero nunca la bailan. Persuaden como si fueran a hacer algo, pero rara vez van más allá de una broma, burlándose de la promesa que deja a ambos, al otro padre y al niño, en un constante estado de frustración.

Usted no necesariamente debe estar solo o sola para ser un padre soltero. Muchos están legal y físicamente casados, pero cuando se trata del ministerio de educar al hijo, uno de ellos no parece que quisiera participar. Tristemente, dejan a los hijos con un sentimiento de desencanto cuando ellos sienten decepción por este padre fantasma que no se preocupa de sus vidas.

Recuerdo los tiempos cuando este era un tema muy relacionado con el sexo de la persona. Muy rara vez se escuchaba que una madre no se involucrara en la vida de sus hijos. Actualmente, este no siempre es el caso. Muchas mujeres han cambiado sus espátulas y la avena por maletines ejecutivos y computadoras.

No critico a las mujeres de éxito; sólo quiero resaltar que los adictos al trabajo generalmente solían ser los hombres, en parte porque años atrás las mujeres no eran bien recibidas en la mayoría de los trabajos. La ideología ridícula de entonces era que el lugar de la mujer estaba en la casa. Ya sé, dije que era ridícula. Lo dije porque las Escrituras describen como mujeres virtuosas, en Proverbios 31, a ambas, a la doméstica y a la de negocios.

Sin embargo, las mujeres que entran en ciertos campos de estrés actualmente afrontan trabajos difíciles. Antes las circunstancias eran muy diferentes. Los hombres dejaban a sus esposas pequeñas notas, tales como: «Llegaré tarde del trabajo». «No voy a poder sacar a la familia a pasear porque...». Los hombres llamaban y decían: «No puedo asistir al juego de fútbol de Robertito. ¿Puedes ir por mí? Tengo que ir a trabajar». Ahora las mujeres están siendo abrumadas con esta clase de responsabilidades.

Si ambos padres trabajan, muchas parejas se comprometen y comparten responsabilidades en el hogar. En algunos casos uno de los padres está tan concentrado en el éxito, que deja al otro la educación de los hijos. Hay muchas razones que pueden contribuir a esta actitud: desde ser un adicto al trabajo hasta un falso estereotipo de machismo.

Muchas veces, a la mujer liberada de esta generación se le hace difícil competir contra su parte femenina que ha dejado la cacerola por el maletín, y ni mencionar a los hombres, quienes algunas veces son cínicos y contradictorios con referencia al éxito de la mujer. Este campo de trabajo de gran estrés y altamente competitivo se vuelve absorbente, y el niño que no pidió nacer es abandonado como una maleta vieja. ¡Muchas veces los que viven con sus dos padres biológicos pasa una inadecuada cantidad de tiempo solo en la casa!

¿Existen soluciones fáciles? Realmente, no. Si no se atiende este problema, la situación se convierte en una creciente fuente de frustración para el padre que constantemente tiene que explicar por qué el otro nunca se involucra. Se vuelve un trabajo sin fin para el padre que, a pesar de su género, necesita un descanso.

Lo que está mal es el hecho de estar casado y aun así ser un padre soltero. Y los que no se quieren involucrar, enfrentan todos los asuntos difíciles del niño haciendo preguntas como: «¿Puedo librarme esta tarde?», de los problemas difíciles del colegio y la violencia de las pandillas. Pareciera que se niega a aceptar que son parte de un equipo. Piensan que su responsabilidad termina con la provisión de dinero. Generalmente, la culpabilidad los lleva a gastar increíbles sumas de dinero como compensación por su falta de paternidad.

¿Estoy pisando algunos dedos de los pies? ¡Qué bueno! Estamos en una batalla para salvar la semilla. Se necesita a ambos padres, cuando sea posible, para alcanzar nuestra meta.

Trágicamente, el niño generalmente anhela más la atención del padre ausente que la del que hizo el trabajo. Puede ser frustrante para el padre, que ha permanecido como el Viejo leal, escuchar al niño ceder a la poca atención del otro, el cual es irresponsable cuando se trata de la educación de los hijos. Hay varias cosas que usted necesita entender.

LOS NIÑOS ESTÁN HAMBRIENTOS DE ATENCIÓN

Nunca anhelamos lo que nos dieron. Deseamos lo que no se nos dio. Quiero decir que los niños siempre sienten la ausencia de atención del padre que no estuvo involucrado, no la del que se involucró. Anhelan y muchas veces sobrerreaccionan a cualquier atención del padre ausente. Si usted no entiende esto, no lo comprenderá y se sentirá herida. El niño anhela el vínculo que le falta, no el que tiene.

Esto no es una acusación contra el que estuvo ahí. Es un manifiesto de acusación contra el que no estuvo presente. Esto muestra abierta y enfáticamente cómo su hijo, desesperadamente, desea esa atención y afecto.

Puedo hablar muy bien sobre este asunto porque en mi propia vida uno de mis padres estuvo mucho más involucrado con mi temprana educación que el otro. En mi caso, fue mi madre quien siempre estuvo ahí con nosotros. Ella parecía biónica, literalmente. Cocinaba, limpiaba, cosía, afrontaba los problemas del colegio, plantaba en el jardín y más. Fue mi madre quien asistía a los conciertos de la banda y a los juegos de fútbol, quien detenía las peleas y explicaba sobre los pájaros y las abejas.

Mirando hacia atrás, me doy cuenta que mi padre, quien

era un hombre maravilloso, estaba ocupado tratando de mantener nuestra familia en una estabilidad económica. Esto no era una hazaña fácil para un hombre de color en los cincuenta y sesenta. Él trabajaba todo el día por una miseria. Ahora entiendo el porqué. En ese momento yo extrañaba su atención; creía que él no quería ser molestado. Había permitido que mi madre se hiciera cargo de áreas que se suponía que él mantuviera. Se había convertido en un padre fantasma.

Él estaba ahí en espíritu, pero su carne estaba en otro lugar. Estaba ausente en los juegos de fútbol y en los conciertos. Finalmente, me acostumbré a su débil vida apagada desapareciendo a través de la puerta, siempre apurado por arreglar algo a alguien dondequiera, menos en la casa. Cuando se cerraba la puerta, la casa se estremecía, el piso vibraba y yo... bueno, sólo me imaginaba cómo sería ir a pescar en bote o cualquier cosa que todos los otros niños hacían con sus padres.

Él era un padre fantasma para mí. Lo peor era que yo me convertí en un niño fantasma. Supongo que eso es cuando los adultos te pasan por el lado y palmotean tu cabeza como si fueras un perro ovejero, y te gruñen algo que no entiendes. ¡Caramba! ¡Que difícil fue para ellos sobrevivir!

Los niños no se preocupan mucho de los presupuestos. Sólo lo quieren a usted. ¿No es por eso que los queremos, por la pureza de su amor?

Mi papá ya está muerto. Lo respeto más de muerto que lo que lo entendía cuando él estaba vivo. Creo que es porque ahora tengo las responsabilidades, las necesidades y las cuentas. Yo trato, y quiero que usted también trate, de recordar que una de las provisiones posibles más grandes es su atención. Rocíela dondequiera como sal. Esta intensifica el sabor del hombre dentro del niño, o de la mujer dentro de la niña.

Los niños no se preocupan mucho de los presupuestos. No entienden las fechas límite o los inventarios, los cambios de la bolsa ni de inversiones. Sólo lo quieren a usted. ¿No es por eso que los queremos, por la pureza de su amor? Ellos nos aman incondicionalmente. Quizá de alguna forma ellos nos han mimado. Han aceptado a muchos que han descuidado sus obligaciones pero que los han amado de todas formas.

Sin embargo, tenga cuidado, porque más tarde este «insecto» puede volar de regreso y picarlo donde menos lo espera. Más tarde, cuando su vida se calme, usted deseará—es más, necesitará—su atención. La tragedia se incrementa cuando sus huesos están rígidos y sus ojos débiles. Recuerde, donde no hay depósito, hay poca esperanza de un gran retiro de fondos.

"PREGÚNTALE A TU MAMÁ"

Los padres fantasmas piensan que lo que el otro padre hace cubre o compensa en alguna forma lo que ellos mismos no han hecho. No saben que hacen falta en la mesa, en el recital o en la discusión sobre las llaves del automóvil. No se formarán los recuerdos que serán la conversación de una vida, porque ellos han compartido sus vidas con todos, menos con los que más los quisieron.

Seré honesto y le diré que es difícil, para aquellos que tuvimos padres fantasmas, no convertirnos en lo mismo. Periódicamente, alguien tiene que sacudir las cadenas para que no nos evaporemos y nos sumerjamos en nuestros trabajos, ministerios o responsabilidades. Si usted está casado con un fantasma, no lo deje vivir y morir sin disfrutar de sus hijos. Despiértelo; despiértela.

La vida no significa nada sin alguien con quien compartirla. ¿Qué de bueno tiene un jardín de rosas sin que nadie las contemple? Cuando usted ha logrado todo el éxito que esperaba, ¿será importante? ¿Será importante si sus hijos se han alejado tanto, al punto de ser difícil conversar con alguien con quien tienen relación, pero con quien no han podido relacionarse?

Los padres fantasmas son espectros, hombres y mujeres, negros y blancos, educados o analfabetos. Acechan los corazones de los niños confundidos, quienes se preguntan por qué ellos sólo han visto una sombra de un padre que siempre se desaparece de la vista. Estas mamás y papás que traen bicicletas y proveen la merienda para ver la televisión son tan frígidos como un cono de helado. Están congelados por el frío abrazador de hechos y números, de metas y ambiciones sin propósito ni significado.

Sangro de dolor por todas las esposas de padres fantasmas. Ellas son las que claman por excusas para explicar a los hijos sin herirlos, porque no pueden esperar ayuda en ese momento. Ellas son quienes se echan en la cama con un ruido sordo y empujan sus pies cansados bajo las sábanas, con alguien cuyo interés ha comenzado sólo al dormir, y ha apretado el corazón de quien que ha gastado todas sus fuerzas tratando de encubrirlo.

El descanso se pierde en espasmódico sueño; esa clase de sueño del cual se despierta como si estuviera drogado. No, las drogas no son el problema; es el narcótico de la soledad. Es el sentimiento ebrio de estar educando a sus hijos sola. Ha robado la pasión y ahora el respeto. Está tratando de destruir toda la relación. Demasiado peso para llevar uno solo. Ellos miran los ojos del otro que dijo: «Yo lo hago», y se dicen: «¡Tú no lo hiciste!».

Mi oración es que la vida conyugal los conmueva otra vez y se pongan de acuerdo, y reten a los demonios que están detrás de su hijo.

Espero que este libro sea provocativo. Espero que lo desafíe a involucrarse en los detalles. Espero que lo haya desafiado a parar de decir: «Pregúntale a tu padre», o «Pregúntale a tu madre».

Mi oración es que la vida conyugal los conmueva otra vez y se pongan de acuerdo, y reten a los demonios que están detrás de su hijo. Esto se logra cuando nosotros, los que estamos casados, conspiramos contra el enemigo que él debe evitar. Es trágico para aquellos que tienen un compañero, vivir como si no tuvieran ninguno.

¿Pueden sentirse en su hogar los efectos de su presencia?, Escriba lo que sus hijos extrañarían de usted si algo le pasara. Mire la lista. ¿Hay algo que va más allá de las cosas materiales? Ese es su verdadero valor como padre.

¿Qué hay en esa lista? Yo no puedo verla, pero usted sí. Sus hijos no la pueden ver, pero ellos sentirán los efectos. Es una tasación del total de posesiones que usted ha invertido en sus hijos. Si no está orgulloso de lo que ve, entonces pare. Bote su hoja en blanco y deje de ser un fantasma en su propia casa. Los niños no quieren que usted los ronde como un fantasma; ¡ellos quieren que usted los ayude!

Aproveche cada momento

No sólo son los niños quienes lo necesitan. ¿Qué puede hacer usted para revivir al que se está consumiendo por tratar de hacer todo? Puede ser que una disculpa sea una buena forma de empezar. No se detenga allí; ¡tome algo que necesite ser hecho con los niños y hágalo! Ellos están muy sedientos de usted. Todo lo que realmente necesitan es su presencia.

Muchos hombres y mujeres han perdido la oportunidad de ser una parte de la vida de sus hijos. Más tarde, estos padres montan caballos blancos y tratan de hacer el papel de un padre cuando el hijo ya ha crecido. Hay cosas que no se pueden recuperar. Es imperativo que nos alertemos unos a otros y nos ayudemos a estar en guardia, de que la paternidad es un trabajo temporal con beneficios a largo plazo.

Aquellos momentos que, desafortunadamente, vienen justo en la parte más ocupada de su vida, son tan preciosos que nunca se repetirán. ¿Cómo puede llevar al máximo esos momentos? No es fácil. Saber manejar el tiempo ayuda. Las frases que escuchamos todo el tiempo, como: «Tiempo de calidad» se han convertido casi en clichés. Aun así, son verdaderos. Creo que los momentos de comunicación con el corazón abierto quedan pegados al corazón, como miel en las paredes del recipiente.

Hay cosas que no se pueden recuperar. La paternidad es un trabajo temporal con beneficios a largo plazo.

Por lo que le digo: considérelo. Lo que cueste, hágalo. Esto puede significar un día libre en el trabajo de vez en cuando. Puede ser ir donde el teléfono no invada su privacidad y pasar un momento actuando como un niño con otro niño que está ya por convertirse en un adulto. Ellos se están transformando ante sus ojos. Cuando la vida empiece a ir más despacio y usted esté más disponible, ellos ya no necesitarán la atención con la que tratará de pagarles más tarde. Ellos lo necesitan ahora.

Así que, mi amigo, cualquier cosa que usted haga, no sea un extraño en su propia casa. Asegúrese de que un abrazo no parezca extraño. Un abrazo de buenas noches o un beso sazonado con algún consejo sabio sobre un rico pan con salchicha, hace que los recuerdos duren más de lo que nosotros duramos.

HAGA NOTAR SU PRESENCIA

Un fantasma es la sombra pasajera de una persona desaparecida, cuya presencia es sólo momentánea, la cual pasa tan rápidamente que el observador no está seguro si fue real. Vaya despacio, amigo. Hágales saber que usted no es una sombra, que no es un ruido sordo que pasa en la noche. Usted no es un padre fantasma. Déjeselos saber. ¡A pesar de las imperfecciones y defectos, usted es real!

Involúcrese aumentando su presencia gradualmente, de tal forma que nadie se asombre, incluyendo usted mismo. Algunas veces, cuando las personas se acostumbran a algo que se ha estado haciendo de una manera, aun si está incorrecto, el cambio es difícil, en parte porque ellos temen creer que esto durará. Sea benévolo.

Esto será una sanidad y una renovación para el padre sobrecargado, que va a ser aliviado. Puede fortalecer su matrimonio al estar más involucrado en la vida de sus hijos.

Hay pocas cosas más dolorosas que el sentimiento de estar sólo. Es un sentimiento de alienación tan intenso que está limitado y estropeado emocionalmente. No hay peor soledad que la que existe cuando no está realmente sólo. La soledad de no tener a nadie con quien discutir asuntos relacionados a los niños, me refiero a alguien que no esté gruñendo respuestas confusas detrás del periódico.

El sentimiento de soledad es más aceptable si es acompañado por un cuarto vacío. Es desalentador mirar alrededor suyo y comprender que está casado para ser un padre soltero, y lo está por no tener un compañero que participa.

¿Alguna vez ha necesitado a alguien sólo para romper el silencio o desahogar la tensión? Algunas veces es tan simple como sacar a los niños a tomar un yogur o un helado. Es dar un sabático para alguien que sólo necesita un descanso por un momento. Eso no tiene que destruir sus metas o ambiciones. Puede ser, simplemente, una distracción placentera fuera de las demandas cotidianas. Si tiene tendencia a no involucrarse con sus hijos, hágase algunas preguntas esenciales.

¿Qué hay de bueno para nosotros en alcanzar y adquirir todos estos logros y perder la familia que estamos tratando de asegurar? ¿Es suficiente proveer cosas materiales si no proveemos ayuda emocional y social? ¿Se ha dado cuenta de la demanda que es puesta en la atención del padre que evade a los hijos? Esta atención, difícil de encontrar en los padres, resume para muchos la afirmación verdadera que hace al alma renacer.

Mi oración llega para ambos padres. Usted no tiene que ser un mal padre para ser distraído. Muchas veces es un modelo que empezó en su propia niñez, en la cual usted definió la paternidad como la actividad de un solo padre. Esta idea puede estar basada en sus propias experiencias de la niñez. En efecto, muchos buenos padres son inconscientes de su propia falta de participación en la vida de sus hijos. Ellos, a menudo, reemplazan afecto y atención por provisiones y protección. Estas son maravillosas, pero en la mente del niño, una sonrisa es más saludable que un bistec.

Oro por los padres comprometidos, quienes se encuentran atormentados entre las demandas de su profesión y las responsabilidades domésticas. Entiendo lo difícil que es estar ahí para alguien y preguntarse: «¿Cuándo encontraré un tiempo para mí?». Mi oración es que usted no aumente sus bienes materiales y empobrezca el área de la relación. Es difícil tener un balance, pero quizá lo he ayudado a iluminar algunas áreas de interés, y de ese modo interceptar los posibles engaños del enemigo.

Mi oración es para que usted no limite sus modelos a los de su pasado, sino a que extienda sus límites para permitir que la Palabra de Dios y las personas de Dios lo ayuden a escoger opciones para involucrarse con sus hijos. Principalmente, oro para que usted no sea devorado por la culpabilidad, sino que esté motivado por amor. Todo lo demás desfallece. Sólo el amor siempre prevalecerá sobre la inexperiencia, la insensibilidad y todas las demás debilidades humanas.

UN HOMENAJE AL HÉROE ANÓNIMO

También oro por las torres de fortaleza, que han sostenido solas los reinos domésticos de la casa. Ustedes serán elogiados. Probablemente continuarán como héroes desconocidos, desconocidos por los hijos que tienden a buscar la atención del padre esquivo; desconocidos por la sociedad que asume que usted tuvo más ayuda de la que realmente tuvo, y desconocido por usted misma, que se acuesta cada noche enumerando las cosas que deben ser hechas, en vez de apreciar lo mucho que ya se ha logrado.

Ustedes son los campeones y campeonas que están sentados detrás del escenario cuando se hacen los goles. Son los dedos invisibles que tocan el piano en los recitales. Sus piernas cansadas son las que saltan las vallas en los concursos de atletismo. Dondequiera que vayan sus hijos y cada vez que ellos triunfan, ustedes están ahí.

Felicitamos las horas incontables de consejos, motivación, oración y confianza cuando todo lo demás falló. Dios no envió ángeles ni tampoco profetas para escapar de todas las estadísticas negativas que saturan nuestra sociedad. Él no envió a ninguno de sus oradores elocuentes. Para cambiar a los niños, Él envió a los padres y madres que cuidan, comparten y entregan.

Felicitamos las horas incontables de consejos, motivación, oración y confianza cuando todo lo demás falló.

Y de vez en cuando, ellos permanecen con sus espaldas al viento y sus rostros al sol. Permanecen valiente y grandiosamente, y, ocasionalmente, están solos. A todo ellos el mundo dice: «Gracias!».

PREGUNTAS DE DISCUSIÓN

1. Como lo evidencia la porción de las Escrituras de este capítulo, Dios da mucha importancia a los niños. Como padres, nuestros hijos deben ser la prioridad más alta en nuestras vidas. En las siguientes líneas, mencione tres maneras en las que usted planifica su tiempo para darle atención primordial a sus hijos y sus necesidades:

_____

_____

_____

2. Piense sobre algunas conversaciones que haya tenido con sus hijos e insinuaciones que ellos le han dado sobre áreas donde a ellos les gustaría que usted les diera más tiempo o atención. Enfóquese en una de esas áreas y planifique una manera de llenar esa necesidad. Resuma su plan en las líneas que siguen.

_____

_____

_____

_____

3. Jakes señala que algunos padres piensan "que toda su responsabilidad está en proveer las cosas materiales. Generalmente la culpabilidad los lleva a gastar una cantidad increíble de dinero como compensación por la falta de paternidad". ¿Ha tratado usted alguna vez de compensar materialmente a sus hijos por la falta de compartir tiempo con

ellos? Describa lo que hizo y exprese cómo hizo que usted y su hijo se sintieran como resultado de ello.

_____

_____

_____

_____

4. El autor también dice que es difícil para los que hemos tenido padres fantasmas, el no tratar de hacer lo mismo. Describa algunos de los momentos memorables y felices que usted recuerde haber tenido con sus propios padres.

_____

_____

_____

_____

5. Si usted no puede recordar haber tenido momentos felices con sus padres, diga cómo ha planeado para incluir experiencias memorables en las relaciones con sus hijos.

_____

_____

_____

_____

6. Durante el tiempo de familia, pídale a cada miembro que proponga una actividad que puedan hacer juntos. Mencione

las actividades y el momento que podrán hacerlas en las líneas que siguen.

_____

_____

_____

_____

7. El autor dice que "mi oración es que usted no sea enriquecido con bienes y quede empobrecido en el área de las relaciones". En las siguientes líneas, ponga los nombres de cada miembro de su familia. Al lado de cada uno, describa los beneficios que esa persona ha traído a su vida como miembro de su familia.

_____

_____

_____

_____

ACTIVIDADES PARA ORDENAR SU DESTINO
—Carta a Dios—

Materiales: Papel de cartas, sobres, lápices.

Dé a cada miembro de su familia un papel de cartas. Explique que hoy todos van a escribirle una carta a Dios. La carta debe expresar tres cosas que lo hacen sentir feliz y tres cosas que lo ponen triste.

Dé a cada miembro un sobre. Pídales que doblen su carta, que la coloquen en el sobre y la cierren. Explique que usted mantendrá las cartas por tres meses. Durante ese tiempo cada miembro deberá orar acerca de las cosas que escribió en la carta. Deberán agradecerle a Dios por las cosas que los hacen sentir felices. Cada uno deberá orar por las cosas que los hacen sentir tristes, y pedirle a Dios que les muestre el camino para cambiar esos momentos tristes.

Al final de los tres meses, reúna a la familia y pídale a cada miembro que lea su carta en voz alta. Dé tiempo para que cada uno exprese las maneras que Dios ha contestado sus oraciones respecto a sus momentos felices y tristes. Si algún miembro aún tiene situaciones tristes sin resolver, hablen de maneras en que pueden ayudarle a sobreponer esos momentos.

ORACIÓN

Padre, te agradezco por la vida de cada uno en mi familia. Oro para que me ayudes a recordar que las necesidades de mis hijos son más importantes que todo lo demás en mi vida. Ayúdame a encontrar maneras de llenar esas necesidades y criar a cada hijo para que sea la persona adulta completa que tú quieres que sea.

Padre, cada uno de mis hijos es una bendición especial para mí. Te agradezco por cada uno de ellos y por la calidad única que cada uno añade a mi vida y a la de la familia. [Ahora dé gracias a Dios por cada uno mencionando su nombre, por las cualidades únicas de cada uno y ore por cada una de sus necesidades específicas].

Enséñame, Padre, a que cada día con mi familia cuente. Muéstrame como ayudar a cada uno de mis hijos a convertirse en la persona que tú has designado que sea. Ayúdame a criarlos a cada uno de manera que ellos logren alcanzar su destino en ti. Sé tú mi Fuente de fortaleza, mi Maestro, mi Guía y mi Sabiduría.

Ayúdame a contarle a mis hijos "las alabanzas de Jehová, y su potencia, y las maravillas que hizo,... a fin de que pongan en Dios su confianza, y no se olviden de las obras de Dios; que guarden sus mandamientos" (Sal. 78:4, 7). En el nombre de Jesús, amén.

CAPÍTULO 11

NUNCA SOLA, NUNCA SOLO

Uno de los más grandes mitos en nuestra cultura está centrado alrededor de las personas. Tenemos la tendencia a creer que si estamos rodeados de gente, entonces no estamos solos. Pero la verdad es que las personas pueden rodearlo, inclusive llenarlo de premios y de séquitos, y aun así seguir sintiéndose solo, sola.

No es la realidad de la soledad lo doloroso; es el *sentimiento* de estar solo. Este sentimiento puede abrumarlo cuando la gente que una vez lo recibió ahora ha dejado de hacerlo por una razón u otra. Quizás usted falló en corresponder a sus expectativas, y ahora ellos están ignorando a la persona que solían afirmar.

Entiendo que le cueste creer esto, pero las personas cambian. Muchas veces sucede sin aviso, y usted, sorpresivamente, se encuentra solo, o sola. Puede que no sea un abandono físico, tal vez sea un cambio emocional o de actitudes. Pero esto crea un ambiente de alienación. Muchas personas pasan su vida tratando de ser aceptados a fin de sentirse parte de alguien más. Esto rara vez funciona.

Ni los adinerados ni los pobres están exentos de sentirse solos. Tanto el atractivo como el feo han sido afectados por la soledad. Muchas veces es el resultado de estar rodeado de personas cuyas motivaciones son cuestionables. En cualquier momento en que el alma de otra persona ya no se recuesta en la paz de nuestra relación, ese vínculo cesa de satisfacer mis necesidades. Sea verdaderamente culpable o imaginado, la falta de confianza deja un recelo, el cual envía un aviso a mi espíritu diciendo que estoy solo.

Muchas veces la depresión viene del sentimiento de estar «en eso» sólo. No importa si es una prueba, un juicio, un dilema o una condición; si siento que he sido abandonado, eso me lleva a la depresión.

El profeta Elías, un poderoso hombre de Dios, se escondió debajo de un árbol, en estado de depresión, por lo que había perdido. Más tarde terminó en una cueva, deseando estar muerto, simplemente porque pensó que pasaría por una crisis sólo. ¿Alguna vez se ha sentido como si estuviera debajo de un árbol o en una cueva, perdiendo la esperanza de la vida?

> «Y él se fue por el desierto un día de camino, y vino y se sentó debajo de un enebro; y deseando morirse, dijo: Basta ya, oh Jehová, quítame la vida, pues no soy yo mejor que mis padres».
>
> —1 REYES 19:4

Esta es una palabra que usted debe recibir. Él, quien había sido poderosamente usado por Dios, casi pierde su destino permitiéndose a sí mismo sucumbir a un falso sentimiento de alienación. Elías no miró fuera de su alrededor y no se dio cuenta de que Dios nunca deja solo a nadie. La ayuda que usted recibe puede ser que no sea la que esperaba. Puede ser que no venga de donde deseaba que viniera; pero, confíe en mí, no está solo; no está sola.

Escuche la plegaria de Elías a Dios: «¡Oh Jehová, quítame la vida!». Ahora hay eutanasia: él no quería quitarse la vida; quería que Dios lo hiciera por él. Deseaba ayuda de Dios en el suicidio. Dios no está en el negocio de ayudar a los hombres a escapar de sus destinos. Su negocio es ayudar a los hombres a cumplirlos.

Elías estaba funcionando bajo el mito equivocado de que había sido abandonado.

> «Y allí se metió en una cueva, donde pasó la noche. Y vino a él palabra de Jehová, el cual le dijo: ¿Qué haces aquí, Elías? El respondió: He sentido un vivo celo por Jehová Dios de los ejércitos; porque los hijos de Israel han dejado tu pacto, han derribado tus altares, y han matado a espada a tus profetas; y sólo yo he quedado, y me buscan para quitarme la vida».
>
> —1 Reyes 19:9–10

Si Elías fuera un cantante, hubiera cantado: «Nadie sabe el problema que he vivido». Creía que estaba completa y totalmente solo. Quizás usted se ha sentido así, como Elías, en soledad criando a sus hijos; en soledad por las noche. ¿Alguna vez se ha sentido acalorado, azotado, con lágrimas amargas cayendo por su rostro, como si no tuviera a nadie con quién contar? Lamentablemente, no tiene que ser un padre soltero para sentirse así. En cualquier momento que esté sobrecargado, con mucho trabajo y subestimado, el elevador de la depresión puede ascender en su corazón y traerlo abajo.

Con razón, la Biblia dice: «Donde no hay dirección divina, no hay orden» (Proverbios 29:18, DHH). Cada vez que no encuentra ayuda, se desanima. Pero debe entender que Dios tiene ayuda disponible para usted y se encuentra alrededor suyo. Esta no puede ser la ayuda tradicional de la pareja, pero hay padres y madres sustitutos, cuya sabiduría y amor pueden enmendar la brecha del vacío con sus hijos. Muchas veces, si esto no viene de donde esperamos, nos rendimos como si Dios estuviera limitado a un solo canal de expresión. Dios es más creativo que eso. Tiene muchas formas de ayudarlo.

Dios no está en el negocio de ayudar a los hombres a escapar de sus destinos. Su negocio es ayudar a los hombres a cumplirlos.

Él provee personas en su vida, a quienes utiliza para fortalecerlo y bendecirlo. Nunca permita que el orgullo lo ciegue para ver la oportunidad que Dios crea para bendecirlo. La innecesaria amargura y la soledad pueden ser erradicadas si usted abre su corazón a los planes del Señor. Él tiene muchos caminos para satisfacer sus necesidades.

Una de mis oraciones es: «Dios, dame pensamientos creativos». El mundo fue creado por la manifestación de pensamientos creativos. Las personas que los tienen siempre tendrán éxito, porque no permiten que haya vacíos en sus mentes. Usted sólo está limitado tanto como cree que lo está. Lo desafío a ver todas las pruebas como una oportunidad para ejercitar su creatividad. Pronto, ¡encuentre una forma!

Cuando Rut la moabita estaba cosechando en los campos, Booz la vio y habló a los segadores:

«Luego se levantó para espigar. Y Booz mandó a sus criados, diciendo: Que recoja también espigas entre las gavillas, y no la avergoncéis; y dejaréis también caer

193

para ella algo de los manojos, y lo dejaréis para que lo recoja, y no la reprendáis. Espigó, pues, en el campo hasta la noche, y desgranó lo que había recogido y fue como un efa de cebada».

—Rut 2:15–17

Booz sabía que Rut era una mujer soltera con muchas necesidades. Él dijo a los segadores: «Rut, la moabita, está detrás, recogiendo las semillas que ustedes dejan atrás. Ya que sabemos que ella está en necesidad y es tan orgullosa para pedir, dejen un poco a propósito». Él, intencionalmente, hizo algo para que ella recibiera bendiciones; de este modo le proveyó para sus necesidades. Los segadores le dejaron una bendición donde ella podía recibirla.

DIOS PROVEERÁ

De la misma forma, Dios provee por Él mismo. Utiliza a las personas, poniéndolas disponibles para que usted no sufra pérdidas. Tenga presente siempre que las bendiciones vienen de Dios. Si Booz no hubiera hablado a los segadores, ellos nunca hubieran bendecido a Rut por sus propios medios. Por lo tanto, agradecemos a las personas que Dios utiliza, pero nosotros oramos al Señor.

Él hará que las personas quieran bendecirlo. Hará que ellos se fijen en usted. Le traerá bendiciones que usted no tiene derecho a recibir. Me gusta decir: «Él me hizo un favor». ¿Alguna vez Dios le ha hecho un favor? Él lo ha hecho para mí, y si usted confía en Él, lo hará para usted. Lo desafío a que permita que Dios lo estimule a creer que Él lo bendecirá. Él satisfará sus necesidades y le dará lo que le hace falta.

Él le proveerá a alguien que no le importe ayudarlo durante

un tiempo difícil. Esta persona puede ser alguien que cuida a sus hijos ocasionalmente. O puede enviarle a alguien con bendiciones materiales, como comestibles o dinero. Gracias a Dios, Él tiene personas que usará para bendecirlo, a fin de que usted pueda superar los retos que afronta.

Aun si el problema es por su culpa y todos los demás lo han abandonado, Dios ha prometido: «Nunca te dejaré, nunca te abandonaré.» ¡Qué preciosa promesa y qué buen privilegio el saber que no estamos solos!

Hay otra verdad muy simple y verdadera que ha hecho que mi corazón no desmaye en los días de adversidad. Recuerdo que cuando yo era un niño tenía pesadillas. En un par de ocasiones fueron tan horribles que salté de la cama y fui donde mis padres para poder dormir. No era que yo pensaba que mis padres podían destruir el monstruo que había formado en mi mente. Era, solamente, que no quería enfrentarlo solo. Quería que mis padres estuvieran allí en caso de dormirme y descubrir que el monstruo todavía estaba esperando por mí. La sola presencia de mis padres me hacía sentir más confortable.

Debo tomar este momento para recordarle que no está sólo en esta tormenta. Dios está con usted en las pesadillas de su vida. Él lo hará dormir en el pecho de su amor y lo mecerá en la palma de su mano llena de promesas. Aun si el problema es por su culpa y todos los demás lo han abandonado, Dios ha prometido: «Nunca te dejaré, nunca te abandonaré.» ¡Qué preciosa promesa y qué buen privilegio el saber que no estamos solos!

Dios la ha ungido para educar a su hijo. Él la ha dotado para este trabajo. Conocía sus circunstancias cuando le confió una vida humana, y le da la gracia para desempeñar la tarea que le ha encomendado. Este conocimiento da confianza al corazón débil y al fatigado cuerpo. No es tanto que tengamos confianza en nuestra habilidad humana sino en que entendamos que nuestro Dios es capaz de darnos la sabiduría que necesitamos para ser efectivos.

Siempre le he pedido ayuda a Dios. Le pido que me dé la palabra de sabiduría para mi paternidad.

Cada uno de mis hijos es diferente de los otros. Mientras un hijo puede requerir disciplina firme, otro sólo necesita ternura y afirmación. Sólo la sabiduría de Dios será capaz de decirle a un padre cuándo administrar disciplina y cuándo ternura. Usted puede llegar a razonar con uno de sus hijos, mientras que con otro debe manejarse con gran autoridad. La palabra ungida de sabiduría es la palabra efectiva. La Palabra de Dios no fallará; dará grandes resultados. Pídale sabiduría. Él se la dará en abundancia.

> «Y si alguno de vosotros tiene falta de sabiduría, pídala a Dios, el cual da a todos abundantemente y sin reproche, y le será dada».
> —Santiago 1:5

Sabiduría—conocimiento

Al pedir a Dios que lo o la ayude, usted recordará que tiene un Padre celestial a quien someterse. Usted lo honra al no tratar de resolver sus problemas solo. Cuando le pide sabiduría, lo está reconociendo como la autoridad final. Escuche atentamente su voz. Él habla delicada pero poderosamente. Debo advertirle que una mente llena de estrés ensordece los oídos para escuchar la voz de Dios. Por lo tanto, cálmese y espere. Cuando sea el tiempo correcto, Él le dará una clara guía y dirección.

El conocimiento le dará información, pero la sabiduría le dirá cómo aplicarla. Muchas personas tienen gran conocimiento. Algunas lo han recibido de los libros y otras de la observación. El conocimiento es importante, pero la sabiduría es esencial. Esta le dice cómo aplicar lo que sabe. El conocimiento sin sabiduría es incompleto. Pídale a Dios por sabiduría para las situaciones que está afrontando actualmente. Una palabra de Él sanará todo.

Usted lo honra al no tratar de resolver sus problemas solo. Cuando le pide sabiduría, lo está reconociendo como la autoridad final. Escuche atentamente su voz.

Pídale intuición profética, para que usted pueda ayudar a preparar a su hijo con una visión de su futuro. No quiero decir manipulación. Muchos padres quieren controlar los resultados de sus hijos. Eso no es correcto; usted debe guiarlos en lo que Dios revela para su destino. Si ve algo que ellos no ven, permita al Espíritu Santo que se los revele. No puede hacer que su hijo sea un doctor sólo porque usted quiere que lo sea. Si Dios le revela que su hijo será un doctor o un predicador, sólo provea las herramientas y oportunidades necesarias. Permita que Dios lo convenza. Su hijo no le protestará a Dios, pero sí a usted. Algunas veces este no es el motivo que causa el conflicto, más bien es el método. Tenga cuidado; está lidiando con el destino de uno de los escogidos de Dios. Este es un asunto muy delicado.

La tarea será muy grande para cualquiera de nosotros, soltero o casado, si no fuera por la presencia de Dios. Él está ahí para ayudarlo en los retos de la vida. Es su asistente para cuando usted se sienta sobrecargado. Permítale que lo ayude, buscando su consejo, poniendo su Palabra en la vida de sus hijos, y manteniendo los valores religiosos en esta era contemporánea.

Sé que hay días que nos sentimos hasta la coronilla. Pero cuando esos días llegan y la fuerza de voluntad pareciera marchitarse, recuerde que la gracia de Dios está sobre usted en esos momentos. Él lo fortalecerá contra todas las fuerzas abrumadoras. Algunos de ustedes siempre han tenido a alguien en quien confiar. Pero ahora están enfrentando el reto de educar a sus hijos en soledad. ¿Está solo? Realmente, no. Nunca lo estuvo; Dios ha estado ahí todo el tiempo. Y el mismo Dios que lo trajo a través de todos sus retos tempranos, está esperando por usted para que lo reconozca en su presente situación.

PADRES BENDECIDOS ENGENDRAN HIJOS BENDECIDOS

Muchas de las bendiciones que están sobre usted pasarán a sus hijos. Es una bendición tener padres sabios. Ellos pasan su razonamiento y su mentalidad a sus descendientes. Esto crea una bendición generacional. Hemos escuchado mucho sobre los cursos generacionales, pero necesitamos entender las bendiciones generacionales. Si una madre drogadicta produce un hijo drogadicto, entonces, ¿por qué una madre espiritualmente regenerada no puede producir un hijo que ha sido espiritualmente influenciado desde su nacimiento? Esto suena absurdo, pero no del todo.

> «Porque será grande delante de Dios. No beberá vino ni sidra, y será lleno del Espíritu Santo, aun desde el vientre de su madre. Y hará que muchos de los hijos de Israel se conviertan al Señor Dios de ellos».
> —Lucas 1:15–16

El ángel expresó una profecía a Zacarías, referente al nacimiento de su hijo, cuando él era anciano y su mujer estéril. Zacarías fue dejado mudo después de estas palabras, y no pudo hablar hasta el nacimiento de su hijo. Fue castigado con el silencio por no creer lo que el ángel dijo. Elizabet fue anciana, llena de gozo, embarazada que no tuvo a nadie con quién compartir su gozo. Ella estaba con su hijo, y sola.

Cuando su prima, María, quien estaba llevando a nuestro Señor, vino a la puerta, Elizabet estaba tan contenta por el saludo de María que su bebé saltó en su vientre, y fue lleno por el Espíritu, tal como el ángel había dicho. A pesar del hecho de que el esposo de Elizabet no creía y que no la apoyó en su embarazo, Dios la bendijo en base a su fe.

El amparo de Dios está con usted como padre. Su mano está allí para bendecirlo si usted lo desea, pero confíe en Él.

Un padre bendecido puede tener un hijo bendecido. La Biblia dice que no hubo nadie más grande que Juan el Bautista. Cristo lo elogió en su funeral y alabó su carácter. Cuando

Cristo dice que usted es un gran hombre, yo creo que usted es un gran hombre.

> «Pero, ¿qué salisteis a ver? ¿A un profeta? Sí, os digo, y más que profeta. Porque éste es de quien está escrito: He aquí, yo envío mi mensajero delante de tu faz, el cual preparará tu camino delante de ti. De cierto os digo: Entre los que nacen de mujer no se ha levantado otro mayor que Juan el Bautista; pero el más pequeño en el reino de los cielos, mayor es que él».
>
> —Mateo 11:9–11

El amparo de Dios está con usted como padre. Su mano está allí para bendecirlo si usted lo desea, pero confíe en Él. Si Juan, quien nació en un ambiente de caos, fue bendecido por Dios para subir a las alturas, ¿qué no puede hacer Dios por usted y por los suyos? Es el diseño de Dios el sacar fortaleza de la debilidad y poder del dolor. Lo desafío ahora a que permita que Cristo lo provea con las herramientas que necesita para convertirse en el padre soltero que Dios desea. Estoy convencido de que las bendiciones de Dios entrarán en su vida como nunca antes.

> «Nunca se aparten de ti la misericordia y la verdad; átalas a tu cuello, escríbelas en la tabla de tu corazón; y hallarás gracia y buena opinión ante los ojos de Dios y de los hombres.
>
> »Fíate de Jehová de todo tu corazón, y no te apoyes en tu propia prudencia. Reconócelo en todos tus caminos, y él enderezará tus veredas. No seas sabio en tu propia

opinión; teme a Jehová, y apártate del mal; porque será
medicina a tu cuerpo, y refrigerio para tus huesos».

—Proverbios 3:3–8

No se apoye en su propio entendimiento. Él le dará su
sabiduría conforme usted viaje adelante en la fe. La fe es un
camino en la oscuridad, con una mano firme puesta en las
manos de un Dios que usted no puede ver. Es pedirle a Él que
haga lo que usted no puede expresar, y ser capaz de sonreír
en el viento porque usted sabe en su corazón que Él lo hará.

> *La fe es un camino en la oscuridad, con
> una mano firme puesta en las manos de
> un Dios que usted no puede ver.*

Fe es tener la gracia para aceptar los retos y los problemas
de su camino, pero buscar tenazmente la victoria en el su-
friente. Usted es el barco que Dios ha escogido para trabajar
junto con Él, a fin de formar el carácter de la siguiente generación. Tal vez no viva lo suficiente para ver todo su fruto,
pero sus enseñanzas llegarán a la tercera y cuarta generación.
Serán sus modelos los que guíen a su familia por años, después de que usted se haya ido. Hágalo con dignidad y carácter. Esta es su contribución para la siguiente era.

MADRE, PADRE, LEVANTE SU ARCO

Los reportes dicen que cada grupo revolucionario, desde el
Ku Klux Klan hasta el nazismo, influyó en sus integrantes
adoctrinándolos desde su temprana edad. Se ha dicho que la
mano que mece la cuna gobierna al mundo. Estoy orando
por sus manos. En ellas puede haber un niño que descubrirá

la cura para el SIDA. A través de sus manos puede venir un presidente o un líder mundial que traerá armonía en lugar de fanatismo, y honradez a nuestro gobierno. Usted no sabe a quien está educando. Todo lo que sabe es que mil enfermedades pudieron haber destruido al niño antes de nacer. Pero Dios la bendijo con la vida de ese niño. Hay un propósito para ese pequeño al estar en su vida y ser educado por sus manos. Cultive lo que es bueno, y evite lo diabólico.

No importa que el enemigo quiera molestarlo y desanimarlo. Cuando él lo captura, atrapa a dos por el precio de uno. Él la afecta a usted y al niño de un solo golpe. Dígale al diablo: «¡No!». Él no conseguirá una oferta de dos por uno aquí. Usted protegerá con toda diligencia lo que Dios le ha confiado en sus manos. Cargue a su hijo con fe y poder. Ellos son el futuro. Nosotros ya somos el pasado. Podemos vivir para siempre a través del latido de sus corazones. Nuestros ojos pueden ver el futuro a través de sus rostros. Podemos probar las comidas exóticas de países extranjeros a través de sus labios. Dondequiera que ellos vayan, nosotros también iremos. Ellos son nuestros hijos, nuestra semilla y nuestro destino.

> «Como saetas en manos del valiente, así son los hijos habidos en la juventud. Bienaventurado el hombre que llenó su aljaba de ellos; no será avergonzado cuando hablare con los enemigos en la puerta».
>
> —Salmo 127:4–5

Si mis hijos son mis flechas, ellos son mi defensa. Me defienden del vacío. Me defienden de construir una casa que nadie heredará. Son mi defensa contra el no tener una mano que me sostenga cuando la muerte venga para llevarme a casa. Son mi defensa contra el anonimato en la próxima generación. Mi aljaba está llena. Tengo cinco hijos. Cinco es el número de gracia. ¡Que maravillosa gracia tener hijos para el mañana!

Como un padre, levanto mi arco. Tengo cinco flechas. Las afilaré todo lo que pueda. Apuntaré hacia el cielo y espero que ellas lleguen a las estrellas. Levantaré mi arco. Aun si soy herido, lo levantaré. Lo levanto encima de mi pasado, de mi sufrimiento y de mis temores. Estas flechas, mis hijos, son mi defensa. En ellos mi dolor tiene un propósito; se convierte en el catalizador que me hace tensar el arco lo más que puedo. Yo levanto mi arco. No confiaré en los profesores de mis hijos para levantarlo. No confiaré en mi iglesia para levantarlo. Yo levanto mi arco. Ellos son mis flechas. Apuntaré alto, jalaré fuerte, enfocaré mi visión y los dejaré volar, volar en el viento.

Dios la bendijo con la vida de ese niño. Hay un propósito para ese pequeño al estar en su vida y ser educado por sus manos.

Si ellas caen al suelo y aterrizan como plomo en la tierra, no habiendo tocado donde yo apunté o donde esperaba que tocaran, que nunca se diga que ellas fallaron porque yo no levanté mi arco. Por eso les digo que, cuando afronten la incertidumbre del futuro y valientemente superen el dolor del pasado, ni por un minuto piensen que están solos. Párese derecho, doble los codos y levante su arco. ¿Quién sabe? Usted puede ser el primero que le dé a las estrellas con sus flechas.

Tal vez usted nunca sea famoso, pero sus hijos pueden serlo. Pocos reconocerían a la madre de Martin Luther

King. Pocos sabrán los nombres de los padres de Jacqueline Kennedy Onassis. Inclusive pocos conocerán a los padres de Colin Powell. Pero alguien detrás de las cortinas, en las sombras del escenario, hay un rostro, una mano, una sartén, un padre o una madre que decía: «Yo levantaré mi arco».

NUNCA ME DEJES SOLO

Dejo a los padres solteros con las palabras de un antiguo poema famoso. Esto es para usted y para todos los padres que alguna vez sintieron que estaban solos. Es una palabra de aliento de un padre para los padres que necesitan recordar que, en las pesadillas de su vida, pueden saltar a los brazos abiertos de su Padre y encontrar paz.

> He visto los relámpagos resplandecer,
> y he escuchado los truenos sonar;
> he sentido las olas pecaminosas estrellarse,
> tratando de conquistar mi alma;
> he escuchado la voz de mi Salvador,
> diciéndome que continúe peleando;
> Él prometió no dejarme jamás,
> jamás dejarme solo.
>
> Los fieros vientos del mundo están soplando
> tentaciones agudas y filosas;
> Mas siento paz al saber
> que mi Salvador está en medio;
> Él permanece para escudarme del peligro,
> cuando los amigos terrenales se han ido;
> prometió no dejarme jamás,
> jamás dejarme solo.

¡No, nunca solo! ¡No, nunca solo!
Él prometió no dejarme jamás,
jamás dejarme solo.

Al llegar al final de este ministerio, lo hago con diversas emociones. Estoy contento de que me haya permitido compartir mi corazón con usted. Estoy triste porque es momento de terminar. Sé que debo dejarlo para que llene su destino en Cristo. Párese derecho y mire hacia arriba: el Señor está con usted. No puedo decir lo que enfrentará, no más de lo que puedo decir de mis propias aventuras. Pero le recuerdo que conforme pasan los días y la vida continúa, usted no está solo; no está sola.

Cuando se sienta decaído o decaída, Dios le enviará a alguien para darle ánimo. Búsquelos; ellos son los segadores que han sido instruidos para dejar un «puñado a propósito» para usted. Son enviados por Dios para darle bendición. Alguien estará en el ómnibus al que usted suba. Alguien lo encontrará en el grifo de agua en el trabajo. Otros están en la barbería o en el salón de belleza, esperando por usted. Espérelos a que vengan en el momento que usted piensa que no puede aguantar más.

No ha dejado de bendecirlo, de bendecirla. Es el mismo Dios. Lo y la ha ayudado antes, y lo hará ahora.

No puedo decirle dónde Dios los pone, pero ciertamente puedo afirmar que los ha puesto. De hecho, mire su vida hacia atrás. Él ha estado dejándole señales y bendiciones todo el tiempo. No ha dejado de bendecirlo, de bendecirla. Es el mismo Dios. Lo y la ha ayudado antes, y lo hará ahora.

Por lo tanto, mantenga sus ojos abiertos y su corazón fuerte. Alce su arco y dispare sus flechas. Prepare a sus hijos como si fueran hijos del rey. Porque en verdad lo son, ¡ellos son los hijos del Rey!

Terminaré con las palabras que fueron dadas a la madre de Moisés, cuando ella recibió a su hijo que había sido resucitado de las frías aguas del río que lo hubieran podido consumir. La hija del faraón lo dijo muy bien.

> «A la cual dijo la hija de Faraón: Lleva a este niño y críamelo, y yo te lo pagaré. Y la mujer tomó al niño y lo crió».
>
> —Éxodo 2:9

No lo puedo decir mejor. Esto es simplemente lo que Dios le dice a usted: «¡Toma a este niño, aliméntalo, levántalo, edúcalo! Cualquier cosa necesaria para fortalecer a este niño, yo lo proveeré. Yo te lo pagaré». ¿Qué significa esto? Que Dios lo bendecirá mientras usted lo sirve, cuidando lo que Él ha creado y le ha confiado.

Él está hablando a través de este pasaje a aquellos que sienten que la vida no ha sido justa. Adelante, toma a ese niño. Críalo. Yo te pagaré. ¡Esté preparado! ¡Esté preparado! ¡Esté preparado! ¡El pago ya viene!

PREGUNTAS DE DISCUSIÓN

1. El autor dice que "no es la realidad de la soledad la que es dolorosa, sino el sentimiento de estar solo". Describa algunos de los sentimientos que ha experimentado al estar solo.

_____

_____

_____

_____

2. Sentirse solo puede causar depresión, así como sucedió en la vida de Elías. De este capítulo podemos aprender que Elías falló al mirar fuera de su esfera y olvidar que Dios nunca deja a uno solo. Algunas veces nuestra ayuda viene de las más inesperadas fuentes. Piense en los momentos que usted se ha sentido solo. ¿Quién viene a ayudarlo en esos momentos y qué cosas hacen para ayudarle?

_____

_____

_____

_____

_____

3. Este capítulo nos dice cómo Dios proveyó las necesidades de Rut dándole "puñados de bendiciones a propósito". Dios dirigió a Booz para que le ordenara a sus espigadores a dejar caer intencionalmente algo de grano, proveyendo alimento para ella y Noemí. ¿Cómo ha Dios dejado caer "puñados de

bendiciones a propósito" para satisfacer una necesidad que haya tenido?

_____

_____

_____

4. La cita del capítulo dice que usted es la persona especial que Dios ha escogido y ungido para criar a sus hijos. ¡Eso significa que usted es la persona ideal para ese trabajo! Tome tiempo para pensar sobre las contribuciones positivas que usted puede hacer en la vida de cada uno de sus hijos, que ninguna otra persona puede hacer. Escriba en las siguientes líneas los nombres de sus hijos. Al lado de cada nombre, describa una característica especial que usted posee que puede ayudar a ese hijo.

_____

_____

_____

5. Jakes dice que el "conocimiento te provee información, pero la sabiduría te capacita". Mucha de la sabiduría contenida en el libro de Proverbios es de gran ayuda a los padres. Encuentre tres versículos en Proverbios que le provean de sabiduría para la crianza y disciplina de sus hijos.

_____

_____

6. El autor nos dice que Dios nos dará revelación profética para preparar a nuestros hijos con una visión de sus futuros.

¿Qué habilidades y dones especiales ha podido observar en sus hijos que le dan a entender el futuro que Dios tiene para cada uno de ellos? (Por ejemplo: Un niño que muestra profunda compasión por las necesidades de otros niños puede estar dotado para ejercer una carrera de servicio como medicina, enseñanza, etc.).

_____
_____
_____
_____
_____

7. Los padres sabios pasan sus bendiciones generacionales a sus hijos. En las líneas que siguen, mencione las bendiciones que le gustaría pasar a sus hijos. Sea específico y detalle las bendiciones específicas para cada uno de sus hijos.

_____
_____
_____
_____
_____

ACTIVIDADES PARA ORDENAR SU DESTINO
—PRODUCIENDO EL PROGRAMA DE TÍTERES "ESTA ES NUESTRA FAMILIA"—

Materiales: Títeres

Durante esta actividad, su familia escribirá un programa de títeres que los describe en cada una de las tres escenas que mencionamos a continuación:

1. Su familia un año atrás
2. Su familia como es hoy
3. Su familia de aquí a un año

Permita que los miembros de su familia escriban la historia de la manera que ellos quieran, concentrándose en mostrar la personalidad y emociones de cada uno de ellos. Asegúrese que sea un esfuerzo en conjunto y no dirigido solamente por un miembro.

Provea un títere para cada persona en su familia. Decida si cada uno va a protagonizarse a sí mismo o si van a asignar a distintas personas.

Practique su papel de títere y luego compártalo con amigos, vecinos y familiares cercanos. Reúnanse en grupo al final del programa para dialogar sobre varias partes del mismo. Hablen de cuánto describe el programa a su familia. Más importante aún, traten de encontrar formas para cambiar las áreas que salieron a la luz como resultado del programa.

ORACIÓN

Padre, gracias por el gran privilegio, y la gran responsabilidad, de criar los hijos que tú me has dado. Gracias que Tú has tomado los sueños rotos de nuestras vidas y nos has dado una segunda oportunidad, un nuevo comienzo. Enséñame a mí y a mi familia a usar nuestro pasado para abonar nuestro futuro. Ayúdanos a usar el dolor que hemos experimentado como el combustible que fortalece nuestras oraciones, nuestras esperanzas y nuestros sueños de un mejor día.

Ayúdame a levantarme sobre mis problemas de manera que yo pueda levantar a mi hijo con un refuerzo positivo y un toque personal. Enséñanos a ser triunfadores, no sólo sobrevivientes o víctimas de nuestras circunstancias. Permite que las heridas de mis fracasos pasados se tornen en las estrellas de las grandes victorias que han nacido de las batallas en nuestras vidas. Ayuda a cada uno de mis hijos a ser un moderno Jefté, un triunfador que sepa que él (ella) es el hijo(a) de un Rey.

Ayúdame a enseñarles a mis hijos una imagen propia saludable que no sea basada en las opiniones de otros. Permite que yo pueda modelar la verdad de que tu presencia puede llenar cada lugar vacío en nuestros corazones, trayendo "a la mañana vendrá la alegría" (Sal. 30:5). Que yo pueda seguir tus pasos tan cerca, y mis hijos me honren a medida que crecen en ti. Ayúdame a estructurar sus vidas con disciplina y orden y a estructurar mi vida con tu cuidado y descanso.

Si traes una pareja idónea a mi vida, sea una que se "case" con mis hijos como conmigo. Cierra mis ojos a cualquiera que no sea el padre que mis hijos necesitan, la ayuda idónea y el apoyo que tú tienes planeado para mí. Líbrame de ser un "*padre fantasma*" al volverme tan distraído con mi carrera y otras cosas que descuide el cuidado y crianza de los pequeños que tú me has dado.

Sobre todo, recuérdame continuamente que tú has prometido que "*no me dejarás, ni me desampararás*". Llena mi vida con tu sabiduría. Ayúdame a escuchar tu promesa que dice: "¡toma este niño, aliméntalo, críalo, nútrelo! Cualquier cosa que se necesite para fortalecer a este niño, yo lo supliré. Yo te daré tu sueldo". En tu nombre, amén.

EQUÍPATE CON EL
ARMA MÁS PODEROSA

CARACTERÍSTICAS Y BENEFICIOS

- Versión Reina-Valera 1960 (la versión de la Biblia más leída en español).

- Incluye materiales adicionales de estudio, escritos por más de veinte líderes y autores cristianos de renombre.

- Provee información práctica para prepararte y equiparte en la guerra espiritual.

- Contiene herramientas de entrenamiento para la guerra espiritual, tanto para el estudio individual así como para grupos pequeños.

- Incluye referencias y mapas a color.

La *Biblia para la guerra espiritual*, te ayudará a prepararte y equiparte como un guerrero espiritual